So finde ich den richtigen Beruf
Ausbildung – Fortbildung – Umschulung

Berufswahl ist ein Problem. Es besteht darin, daß wir uns entscheiden müssen, ob wir nach der Schulausbildung sofort Geld verdienen oder zuerst einen Beruf erlernen, also lieber gleich arbeiten oder noch lernen beziehungsweise weiterlernen sollen.
Dieses Buch will beitragen zur Findung und Bestimmung des eigenen Standortes, indem es die Schlüsselfrage beantworten hilft:
Was will ich – was kann ich – was erwartet mich?

was will ich?

- einen guten Job
- gutes Geld verdienen
- Sicherheit im Beruf
- Ansehen in der Gesellschaft
- etwas werden können
- einen Beruf, der meine Interessen nach .... befriedigt, also einen interessanten Beruf

was kann ich?

- ich bin gesund
- ich bin örtlich (nicht) gebunden
- ich habe einen Schulabschluß als Haupt-/Realschüler/Abiturient
- ich bin körperlich leistungsfähig
- ich kann mit praktischen/theoretischen Dingen, mit Menschen/Technik/Tieren besonders gut umgehen

Die Berufswahl

was ist möglich?

- wo kann ich lernen und arbeiten?
- was wird für eine Schul- oder Berufsausbildung gefordert?
- wie viele wollen diesen oder jenen Beruf erlernen?
- gibt es finanzielle Probleme?
- welche Nachwuchskräfte werden gesucht?
- gibt es Umwege, Auswege und Aufstiegswege?

um was geht es?

- Beruf
- Arbeitsplatz
- Geld/Einkommen
- soziales Ansehen
- persönliche Entwicklung und Lebenschancen
- solide Berufsausbildung
- berufliche Zukunft
- Verwirklichung persönlicher Bedürfnisse

So finde ich den richtigen Beruf

Ausbildung – Fortbildung – Umschulung

Von Karl Matzeder

Humboldt-Taschenbuchverlag

humboldt-taschenbuch 411
Umschlaggestaltung: Christa Manner, München
Umschlagfoto: Anthony-Verlag, Starnberg
Textgrafiken: Fritz E. Urich, München

Hinweis für den Leser:

Alle Angaben in diesem Buch – ohne Gewähr – entsprechen dem Stand vom 1. Juli 1981, mit Ausnahme des Verzeichnisses der anerkannten Ausbildungsberufe (ab Seite 181).
Diese Ausbildungsberufe werden laufend überarbeitet und fortgeschrieben; deshalb, bitte, neuesten Stand bei der Berufsberatung erfragen!

© 1981 by Humboldt-Taschenbuchverlag Jacobi KG, München
Druck: Presse-Druck Augsburg
Printed in Germany
ISBN 3-581-66411-9

Inhalt

Einführung 9
Berufswahl ist ein Problem 11

TEIL I
Berufswahl

Die Berufswahl: Wie sie abläuft und warum
sie wichtig ist 14
Um was es bei der Berufswahl geht 15
Berufswahl als Entscheidungsprozeß 21

Interessen und Fähigkeiten (Eignung) 23
    Wie sie entstehen und was sie bedeuten 23
    Wie Eignung festgestellt wird 27

Wann bin ich wirklich in der Lage,
einen Beruf zu wählen? 39
Besondere Fragen zur Berufswahl von Mädchen 43
Worüber bei der Berufswahl entschieden wird 46
Der Beruf – was er ist und wie viele Berufe es gibt 47
Wie sich Berufe unterscheiden 50
Wie ich Berufe kennenlernen kann 54
Wie ich einen Arbeitsplatz beurteilen kann 55
Die Ordnung der Berufe nach fachlichen Tätigkeiten,
Ausbildungsbereichen und Zugangsvoraussetzungen 59
    Fachliche Tätigkeiten 59
    Die wichtigsten Ausbildungsbereiche 61
    Zugangsvoraussetzungen 63
    Orientierungshilfe 65

Zusammenfassung 66

Wo hauptsächlich ausgebildet und gearbeitet wird 68

Mit welchen beruflichen Entwicklungen
in den nächsten Jahren zu rechnen ist 70
Wie ich meine Chancen für einen
besseren Ausbildungsberuf oder Arbeitsplatz
erhöhen kann. 73
Für Unentschlossene oder Vielseitige 74
Wenn sich berufliche Erwartungen nicht erfüllen 76

Stichwörter zur Berufswahl. 78
   Arbeitszufriedenheit. 78
   Bedürfnisse 79
   Berufsberatung. 80
   Berufseignung 83
   Berufslaufbahn. 84
   Berufsprognosen. 86
   Berufsreife. 87
   Berufswahlreife. 88
   Interesse 89
   Motivation. 90
   Qualifikation 91

TEIL II
Berufliche Ausbildung und Weiterbildung

Die berufliche Ausbildung. 98

Berufliche Ausbildungsmöglichkeiten
für Hauptschüler 104
   Berufsgrundbildungs- oder Berufsgrundschuljahr. 105
   Berufsfachschulen 107
   Berufsaufbauschule 108
   Berufe mit großer Konkurrenz 108
   Hilfen der Berufsberatung 109
   Berufsvorbereitung 109
   Nachholen der mittleren Reife. 110

Berufliche Ausbildungsmöglichkeiten als Realschüler . . 111

Berufliche Ausbildungsmöglichkeiten als Abiturient. . . 113
   Alternativen zum Studium 117
   Das Studium 119

Das Recht der beruflichen Ausbildung 120

Die finanzielle Förderung der beruflichen Ausbildung . . 126
Warum die Berufsausbildung wichtig ist 130
Wer für die Berufsausbildung zuständig ist 133
Die Schulabschlüsse der Schulabgänger 135
Die Schulabschlüsse der Auszubildenden
im dualen Ausbildungssystem 137
Die am häufigsten gewünschten Ausbildungsberufe
im dualen Ausbildungssystem 139
Bevorzugte Ausbildungsberufe von
Realschülern und Abiturienten. 142
Stichwörter zur Ausbildung. 143
   Schulabschlüsse. 143
   Stufenausbildung. 144
   Test 147

Die berufliche Weiterbildung. 149
   Probleme der beruflichen Weiterbildung 150
   Die Wege der beruflichen Weiterbildung 153
   Berufliche Fortbildung 153
   Berufliche Umschulung. 156
   Das Recht der beruflichen Fortbildung und Umschulung . . 158
   Die Förderung der beruflichen Fortbildung
   und Umschulung. 160

TEIL III
Anhang

   Bezeichnungen für berufsbildende Schulen 164
   Vereinbarung über Fachrichtungen an Fachhochschulen . . 167
   Ausbildungsvertragsmuster nach dem Berufsbildungsgesetz 171

Anerkannte Ausbildungsberufe 181
   Wichtige Anschriften und Bezugsquellen 188
   Literaturverzeichnis 190

Register 191

Einführung

Vielen Jugendlichen fällt es schwer, ihre Vorstellungen von Ausbildung, Beruf und Arbeit sich selbst und anderen deutlich zu machen. Sie haben zwar sehr persönliche Wünsche an das Leben, klammern aber den Beruf dabei aus oder gehen wie selbstverständlich davon aus, daß der Beruf diese Wünsche einlösen hilft. Daß der Beruf aber auch das halbe Leben ist, wird den wenigsten bewußt.
Der Junge, der gern Moped oder Auto fährt, hofft darauf, daß er sich als Kraftfahrzeugmechaniker »tolle Schlitten« leisten kann! Das Mädchen, das sich gerne hübsch macht, glaubt, als Friseuse immer elegant und attraktiv sein zu können. Und die Eltern sehen ihre Aufgabe häufig darin, ihren Kindern einen Weg zu weisen, von dem sie glauben, daß sie ihn kennen oder daß er den Kindern mehr Chancen fürs Leben öffnet, als der Weg, den sie selbst gegangen sind.
Aber letztlich herrscht immer Unsicherheit vor:

- Unsicherheit über die eigenen Interessen und Fähigkeiten
- Unsicherheit über den »richtigen« Beruf und
- Unsicherheit über die Zukunft im Beruf.

Die wenigsten von uns, ob jung oder alt, haben gelernt, eine Entscheidung zu treffen. Wir haben auch nicht gelernt, uns bewußt zu machen, woher wir unsere Vorstellungen vom Leben beziehen. Wir sind zwar einer wachsenden Informations- und erdrückenden Meinungsflut ausgesetzt, haben aber nicht die Fähigkeit erworben, sie zu handhaben. Schließlich haben die meisten von uns auch nicht gelernt, die eigenen Interessen zu erkennen, sie selbst zu vertreten und wirksam auch selbst durchzusetzen. Wir sind abhängig, oft hilflos – und spüren das auch!

Deshalb will dieses Buch dazu ermutigen:
- sich mit Fragen der Berufswahl kritisch auseinanderzusetzen,

- die Fähigkeit zu steigern, eigene Entscheidungen über Schule, Ausbildung, Beruf und Arbeit zu treffen,
- die Bereitschaft und die Fähigkeit zu erhöhen, Informationen zu sammeln, auszuwählen und zu hinterfragen und zu diesem Zweck
- die Entscheidungs- und Informationshilfen der Berufsberatungen zu nutzen.

Es will zeigen, wie sehr unser Leben und unsere beruflichen Entscheidungen abhängig sind von Einflüssen und von Entscheidungen anderer. Es will aber auch deutlich machen, daß wir die Chance haben, unser berufliches Leben selbst mitzugestalten und unseren veränderten Bedürfnissen und Wünschen an das Leben anzupassen. Gerade die Berufswahl muß keine Entscheidung fürs Leben oder eine Sackgasse sein! Gleichzeitig sollten wir uns immer wieder vor Augen führen, daß es aber auch der Beruf ist, der unser gesamtes Leben, alle unsere Bedürfnisse und Interessen, am nachhaltigsten prägt.

Das Buch wendet sich deshalb an Schüler, Eltern, Lehrer und berufliche Praktiker. Für einige kann es Anstöße und neue Informationen geben, anderen wieder kann es Mut machen oder eine praktische Hilfe für den beruflichen Alltag sein.

Wählen heißt, eine Entscheidung treffen

In seinem Buch »Alice im Wunderland« erzählt Lewis Carroll, wie Alice einer Katze begegnet und die Katze fragt, welchen Weg sie gehen soll:

Alice: »Sagst Du mir bitte, welchen Weg ich von hier aus nehmen soll?«

Katze: »Das kommt sehr darauf an, wo Du hin willst.«

Alice: »Das ist mir gleich . . .«

Katze: »Dann kommt es nicht darauf an, welchen Weg Du nimmst.«

Alice: ». . . solange ich nur irgendwohin komme . . .«

Katze: »Oh, das wirst Du sicher, wenn Du nur lange genug läufst!«

Dieses Gespräch macht deutlich, worauf es ankommt: Es ist wichtig zu wissen, was wir wollen. Denn nur wer weiß, was er will, findet auch den Weg, der zum Ziel führt. Wer nicht weiß oder nicht wissen will, was für ihn wichtig ist und wohin er will, der geht eben ohne ein bestimmtes Ziel auf irgend einem Weg – irgendwann und irgendwo kommt auch der irgendwohin!

Berufswahl ist ein Problem

Probleme sind *Aufgaben*, deren Lösungen wir nicht kennen.
Um eine Lösung zu finden, müssen wir Intelligenz entwickeln.
Intelligenz ist die erlernte und trainierte Fähigkeit, Probleme selbständig zu lösen. Um diese Fähigkeit zu erwerben, müssen wir uns Informationen über uns und unsere Umwelt aneignen. Dieses Wissen befähigt uns, ein Problem als solches zu erkennen. Wissen erschließt uns auch die Lösungsmöglichkeiten.
Warum wollen wir etwas wissen?
Wissen eignen wir uns recht gern von Dingen an, die uns interessieren. Interesse haben wir, wenn wir annehmen, daß es uns irgendwie nützt. Der Nutzen wiederum, den wir erwarten, beruht auf unseren Vorstellungen.
Es sind also unsere Vorstellungen von den Menschen und Dingen, die für uns wirklich wichtig sind. Aus den Vorstellungen entwickeln wir Werte (Wertvorstellungen). Diese Werte steuern auch unsere Bedürfnisse, von welchen wir angetrieben werden, etwas zu tun, also eine Leistung zu erbringen. Nur die Befriedigung von Bedürfnissen macht uns zufrieden. Bedürfnisse können natürliche sein, wie etwa Essen, Trinken, Schlafen, Sicherheit und Anerkennung. Andere Bedürfnisse wieder entwickeln wir als Ergebnis unserer Erziehung und unserer Erfahrungen. Deshalb haben Menschen unterschiedliche Bedürfnisse.
Das Interesse am Beruf, am Arbeitsplatz, an der beruflichen Ausbildung hängt also entscheidend davon ab, welchen Nutzen wir für uns von den Ergebnissen der Arbeit und der Ausbildung erwarten!

Interessen an Fragen der Berufswahl habe ich dann, wenn ich weiß, daß die Wahl des *richtigen* Berufes für mich wichtig ist.

Wenn von Berufswahl die Rede ist, heißt es immer wieder, daß ich wissen muß, um was es geht und worauf es ankommt. Es wird mir gesagt, daß es notwendig ist, berufliche Kenntnisse und Fertigkeiten zu erwerben, und daß ich deshalb eine Berufsausbildung benötige.
Um den richtigen Beruf wählen zu können, muß ich meine Fähigkeiten erkennen und muß werten, was für mich besser ist oder wo ich größere Chancen habe, einen Ausbildungsplatz zu erhalten.
Ich frage mich, ob ich überhaupt weiß, was gemeint ist? Verstehe ich, wovon geredet wird?
Deshalb ist es sinnvoll, daß ich mir über folgende Begriffe klarwerde:

Wissen	heißt, daß ich über Informationen verfüge / daß ich mir einen Einblick in bestimmte Vorgänge und Aufgaben verschaffe / daß ich überblicken kann, wie die verschiedenen Fragen und Aussagen oder Ergebnisse und Probleme mit anderen zusammenhängen.
Kenntnisse	sind vertieftes, speziell ausgewähltes Wissen – darüber weiß ich wirklich Bescheid.
Können	besitze ich, wenn ich imstande bin, mein Wissen und meine Kenntnisse auch anzuwenden.
Fertigkeit	ist besonders ausgeprägtes Können.
Erkennen	heißt, daß ich in der Lage bin, mich mit dem, was um mich herum vorgeht, was auf mich einwirkt oder auch ohne mein Zutun geschieht, bewußt auseinanderzusetzen, *und* daß mir klar ist, wie und warum etwas entstanden ist oder in einer ganz bestimmten Weise abläuft.
Werten	heißt abwägen, vergleichen und ein Urteil über etwas treffen.

Mit diesen *Kenntnissen* über Begriffe und über die Bedeutung von Wörtern für die Berufswahl bin ich besser gerüstet, eine Entscheidung über Ausbildung und Beruf vorzubereiten!

TEIL I

Berufswahl

Die Berufswahl: Wie sie abläuft und warum sie wichtig ist

Auf den ersten Blick erscheint alles einfach:
Ich wähle mir einen Beruf und die dazu passende Berufsausbildung; oder: Ich leiste eine Berufsausbildung ab, das Weitere wird sich dann schon ergeben. Schließlich muß jeder irgend etwas tun, um sich seinen Lebensunterhalt zu verdienen. Wer weiß schon, was in ein paar Jahren sein wird?
Und überhaupt: allein schon die vielen Wörter und Begriffe, die einem um die Ohren schwirren! Wer kann sich da noch zurechtfinden? Da wird geredet von: Eignung, Begabung, Qualifikation, Tests, Prüfungen, Beruf, Berufsbilder, Ausbildung, Ausbildungsordnung, Arbeitsplatz, Arbeitsplatzbedingungen, Aufstieg, Fortbildung, Job!
Was soll's also: Irgendwie wird's schon werden!
Stimmt auch, der Beruf sollte nicht das Wichtigste im Leben sein. Es ist aber auch richtig, daß der Beruf ganz wesentliche Auswirkungen auf unser Leben, ja auf unsere Persönlichkeitsentwicklung hat.
Das Arbeits- und Berufsleben nimmt ja auch ungeheuer viel Zeit in Anspruch: 8 bis 10 Stunden täglich, 5 Tage je Woche, 48 Wochen im Jahr und 40 bis 50 Jahre des Lebens.
Um die Arbeit und um den Beruf gruppiert sich alles übrige: die Familie, die Freunde, das Hobby, die Erholung, der Spaß, der Ärger, die Krankheiten, das Alter!
Nicht umsonst fragen sich die Menschen immer wieder: Leben wir, um zu arbeiten, oder arbeiten wir, um zu leben?
Wie oft etwa fragt sich wohl ein Arbeitsloser, ob er die richtige Berufswahl getroffen hat? Worin lag sein Fehler? Kann er ihn noch korrigieren?

Um was es bei der Berufswahl geht

Was muß ich wirklich wählen? Etwa die spätere Tätigkeit, mit der ich mir Geld verdiene – oder geht es zuerst einmal um die Ausbildung oder den Studienplatz? Geht es darum, ob ich überhaupt noch etwas lernen oder ob ich besser gleich arbeiten soll?
Auf der Suche nach der richtigen Antwort begegne ich vielen Fragen! Ich stelle mir eine Auswahl von Fragen zusammen und überlege, welche Fragen mich besonders interessieren und wie ich sie beantworten würde:

- Welche Meinung habe ich zur Berufswahl?
  Kann ich mir darunter schon etwas vorstellen? Ist sie für mich wichtig/weniger wichtig oder unwichtig?
    Ich kann mir etwas vorstellen ....
    Sie ist für mich ....
- Was würde ich später gerne einmal tun? ....
- Was möchte ich werden? ....
  Warum gehe ich zur Schule? ....
  Habe ich ein Vorbild, nach dem ich mich richte? ....
  Habe ich einen Wunsch- oder gar Traumberuf? ....
  Habe ich ein Hobby oder andere Interessen, die ich auch später gerne im Beruf verwirklichen will? ....
- Will ich bald selbst Geld verdienen und warum? ....
- Habe ich mich schon mit der Frage beschäftigt, welche Ausbildung ich mir vorstellen könnte? ....
- Habe ich eine Vorstellung davon, wie lange eine Ausbildung und wie lange ein Berufsleben dauert? ....
    Eine Ausbildung dauert ca. ....
    Ein Berufsleben dauert ca. ....
- Weiß ich, daß die Voraussetzungen und Anforderungen für Ausbildungen und Berufe sehr unterschiedlich sein können? ....

- Mit wem *habe* ich schon über Berufe und Arbeit gesprochen? ....
  Mit wem *würde* ich gerne über meine Berufswahl sprechen? ....
  Mit wem *kann* ich über meine Berufswahl sprechen? .....
- Kann ich für meine Berufswahl selbst – viel/wenig/oder gar nichts – tun? ....
- Wer sollte eigentlich darüber entscheiden, was ich lernen und welchen Beruf ich einmal ausüben soll? ....
- Welchen Beruf haben meine Eltern oder Freunde/Bekannte? ....
  Wie denke ich über diese Berufe?
  Ich halte viel davon/kenne sie kaum/habe keine Meinung/sie interessieren mich nicht!
  Eltern ....
  Freunde/Bekannte ....
- Was halte ich von der Berufsberatung?
  – es geht/nicht viel/finde sie gut/
  werde sie nutzen/kenne sie nicht! ....

Die schier unerschöpfliche Liste von Fragen kann einen schon sehr verunsichern. Da möchte man am liebsten gleich wieder alles weglegen und einfach die Dinge auf sich zukommen lassen!

Ich muß wissen, daß Fragen die wirksamsten Hilfen zur Orientierung sind. Sie helfen mir, Informationen zu erhalten und auszuwählen.

Fragen helfen mir auch zu erkennen, welche Probleme und welche Wünsche ich habe!

Sie zeigen mir, was ich weiß und was ich noch wissen möchte!

Fragen lassen mich erkennen, ob ich an meiner Berufswahl interessiert bin!

Die Reihenfolge, in der ich die Fragen stelle, ist wichtig! Fragen sollen nach ihrer Bedeutung für mich geordnet sein! Was für mich von Bedeutung ist, erkenne ich daran, ob mich die Antwort sehr oder wenig interessiert! Um Interesse an etwas zu haben, muß ich aber wissen, daß es das überhaupt gibt, und davon überzeugt sein, daß es mir nützlich ist (etwas bringt!).

Beispiel: Solange ich nicht weiß, daß es ein Auto gibt, interessiert mich das Autofahren nicht! Wenn ich noch nie eine Schokolade gegessen habe, weiß ich auch nicht, ob oder daß sie mir schmeckt, und daß ich ein Verlangen danach habe!

Andererseits glauben viele Menschen nur, daß sie etwas wissen, ohne es wirklich zu kennen! Der Psychologe Erich Fromm sagt dazu:

> Wissen beginnt mit der Zerstörung von Täuschungen!
> Ich muß mich ent-täuschen!

Es kommt also sehr darauf an, etwas zu wissen!
Vor allem muß ich wissen, was ich will, was ich kann und was von mir erwartet wird.

Wissen heißt, informiert sein

Informationen sind ausgewählte Kenntnisse. Ich muß mich umsehen, mich erkundigen/etwas erfragen/erforschen/ermitteln. Ich muß wissen, wie ich zu Informationen komme. Aber auch Informationen werde ich mir nur dann beschaffen, wenn ich interessiert bin. Informationen interessieren mich vor allem deshalb, damit ich mitdenken, mitreden, mitmachen und entscheiden kann.
Das gilt ganz besonders für die Berufswahl!

> An der Berufswahl bin ich dann interessiert, wenn ich weiß, daß sie für mich wichtig ist!

Um erkennen und beurteilen zu können, warum die Berufswahl wichtig ist, sammle ich wieder Fragen und Antworten. Eine Liste von möglichen Fragen kann mir diese Arbeit erleichtern. Ich wähle diejenigen Fragen aus, die mich am meisten ansprechen, oder ergänze die Liste:

- ich will in erster Linie schnell und viel Geld verdienen
- ich will nicht nur Geld verdienen, sondern auch angesehen sein
- ich will im Beruf auch meine persönlichen Interessen einbringen können
- ich will in erster Linie eine abwechslungsreiche und interessante Tätigkeit ausüben können
- ich will im Beruf etwas werden – aufsteigen – können
- ich will im Beruf mit Menschen zu tun haben
- ich will Menschen pflegen, bedienen und betreuen
- ich will Menschen beraten und unterrichten
- ich will in erster Linie einen Beruf mit sicherer Beschäftigung haben
- ich will keine großen Risiken – am Arbeitsplatz, im Beruf – eingehen
- ich will im Büro arbeiten

- ich will lieber mit dem »Kopf« als mit der »Hand« arbeiten
- ich will eine Arbeit: im Sitzen/Stehen/mit viel Bewegung (Zutreffendes unterstreichen!)
- ich will im Freien, bei Wind und Wetter, in der Natur arbeiten
- ich will mich körperlich betätigen können
- ich will meine Arbeit anfassen und sehen können
- ich will etwas gestalten, formen, herstellen, reparieren oder auch verändern können
- ich will nicht immer am gleichen Arbeitsplatz arbeiten müssen
- ich will mich im Beruf geistig nicht sehr anstrengen oder immer wieder umstellen müssen
- ich will mit der Technik zu tun haben
- ich will mit Material, mit Werkzeugen und in Werkstätten arbeiten
- ich will gerne mit Metall/Elektronik/Holz/Chemie/Kunststoff umgehen
- ich will mit Maschinen und Geräten umgehen können
- ich will konstruieren, organisieren, planen, entwerfen können
- ich will lieber allein oder mit wenigen Menschen zusammenarbeiten.

Diese Liste habe ich dann mit Erfolg durchgearbeitet, wenn ich daraus erkenne und akzeptiere, daß die Berufswahl ein Problem ist. Der amerikanische Psychologe John Dewey meint, daß Menschen nur denken, wenn sie ein Problem haben! Gemeint ist hier sicher die bewußte Auseinandersetzung mit einer Aufgabe und die Suche nach einer Lösung!

Da ich aber Intelligenz besitze, bin ich auch in der Lage, selbst einen Weg zu finden. Intelligenz ist ja die Fähigkeit, ein Problem selbständig zu lösen.

Wenn ich ein Problem lösen will, muß ich zuerst einmal erkennen

• daß ich ein Problem habe und worin das Problem besteht	Zum Beispiel: Mein Problem ist, daß ich noch nicht weiß, was ich werden will bzw. welchen Beruf ich erlernen soll.

• wie das Problem beschaffen ist	Ich weiß nicht, auf was es bei der Wahl eines Berufes ankommt, welche Berufe es gibt, für was ich mich interessiere oder eigne und was in den Berufen von mir verlangt wird!
• welche Informationen ich benötige	Ich muß wissen: was ich für berufliche Wünsche habe; welche Berufe für mich in Frage kommen, wie ich die Auswahl unter den Berufen beeinflussen kann; welche Arbeiten ich mit bestimmten Berufen verrichten muß, was ich verdiene, was ich werden kann, wo ich arbeiten kann; welche Ausbildung ich für bestimmte Berufe brauche; welche Schulbildung ich für eine bestimmte Ausbildung brauche oder was ich mit der Ausbildung alles anfangen kann.
• wer mir Informationen geben kann	Berufsberater, Lehrer, Eltern, Freunde, Bekannte, Betriebe, Bücher, Broschüren ....
• wie ich diese Informationen erhalten kann	Termin mit Berufsberatung vereinbaren, Unterrichtsgespräch und Gruppenarbeit in der Schule, Gespräche mit Eltern, Freunden, Bekannten; Betriebsbesuch, Probelehre; Vorträge, Ausstellungen, Bücher studieren, mit Berufstätigen reden ....

Ich muß aber auch beachten:

Nicht alle Informationen sind für mich von gleichem Wert
Ich muß sie vor allem danach beurteilen, wer sie weitergibt und welches Interesse damit verfolgt wird.

Werbung ist *auch* Information – dahinter steht das Interesse, meine Bedürfnisse zu wecken und mich zum Kauf anzuregen.

Firmen, Kammern und Innungen werben auch um Nachwuchs bzw. um Auszubildende. Sie stellen ihre Ausbildungsberufe und die Zukunftschancen selbstverständlich positiv dar. Ich soll mich ja dafür interessieren und diesen Beruf ergreifen.

Andere Standesorganisationen wiederum informieren so, daß Interessenten abgehalten werden, weil man fürchtet, daß der Beruf überlaufen wird.

> Es stehen also immer bestimmte Interessen dahinter, die ich kennen sollte, um eine Information richtig bewerten zu können.

Nur die Berufsberatung beim Arbeitsamt ist verpflichtet, neutral zu sein! Das Arbeitsamt (Berufsberatung) hat den gesetzlichen Auftrag, Berufsaufklärung und Berufsberatung unparteiisch zu betreiben.

Das Interesse des Arbeitsamtes ist sowohl auf die Bedürfnisse des Betriebes als auch die des Berufsanwärters gerichtet. Die einen sollen Berufsnachwuchs erhalten, die anderen eine Ausbildung. Niemand muß das Arbeitsamt in Anspruch nehmen; weder der Betrieb noch der Berufsanwärter. Das Arbeitsamt kann deshalb auch nur über das informieren und das anbieten, was ihm freiwillig zur Verfügung gestellt wurde. In jedem Fall kann es erschöpfende Auskünfte über die fachlichen Anforderungen der Berufe, gemeldete Ausbildungsplätze, Studien- und Zulassungsbeschränkungen und finanzielle Hilfen geben. Das Arbeitsamt kann auch kostenlose und unverbindliche ärztliche und fachpsychologische Gutachten über körperliche und psychische Eignungen erstellen.

> Die Berufsberatung des Arbeitsamtes ist eine fachlich qualifizierte, unparteiische und kostenlose Beratungsstelle und Informationsquelle!
> Auf sie sollte niemand verzichten!

Berufswahl als Entscheidungsprozeß

Entscheiden kann ich aber erst, wenn ich weiß, um was es geht, was ich will, was ich kann und was möglich ist! Ich muß entscheiden, wenn ich nicht will, daß ich etwas tun muß, was mir nicht gefällt oder von dem ich glaube, daß es höchstens die zweitbeste, aber nicht die bestmögliche Lösung für mich ist.

Nicht andere sollen für mich entscheiden, nur weil sie mehr wissen oder weil ich mich nicht zu entscheiden wage. Das schließt Ratschläge anderer nicht aus! Ratschläge sind Informationen und damit notwendige Entscheidungshilfen. Im täglichen Leben entscheide ich mich häufig, meist ohne es bewußt als Entscheidung wahrzunehmen: beim Einkaufen, bei der Wahl des Fernsehprogramms, ob ich mit Freunden spiele oder für die Schule arbeite!
Immer überlege ich, was ich will und was ich kann; ich vergleiche und wähle aus. Ich stelle also immer Entscheidungskriterien nebeneinander und vergleiche sie. Aus dem Vergleich wähle ich aus und bewerte die einzelnen Kriterien danach, was für mich besonders wichtig oder weniger wichtig ist. Ich bilde Rangfolgen und ordne die einzelnen Kriterien nach ihrer Wertigkeit für mich (1. Platz, 2. Platz usw.)
Entscheidungskriterien sind Merkmale, die etwas kennzeichnen, z. B. der Preis einer Ware; die Farbe oder das Baujahr eines Autos.
Beim Beruf sind Merkmale, also Entscheidungskriterien, etwa die Verdienstchancen, die Aufstiegsmöglichkeiten, die Sicherheit des Arbeitsplatzes, die notwendige Ausbildung, die Art der Tätigkeit, das soziale Ansehen und meine Fähigkeiten, meine Wünsche und Interessen.
Solche Entscheidungskriterien zur Berufswahl habe ich also bereits bei der Liste auf Seite 17 und 18 über meine bisherigen beruflichen Vorstellungen durchgearbeitet.
Ich kann sie nun danach ordnen, welche Aussagen ich angekreuzt habe und wie wichtig sie für mich sind:

```
1. ....................................
2. ....................................
3. ....................................
4. ....................................
5. ....................................
```

Auf diese Weise habe ich eine erste Vorauswahl und damit einen ersten Entscheidungsschritt über meine gegenwärtigen Interessen getroffen.

Ich habe erkannt,
- daß die Berufswahl ein Problem ist, weil viele Aufgaben zu bewältigen und Lösungen zu entwickeln sind
- daß Lösungen nur möglich sind, wenn ich mich informiere und Schritt für Schritt entscheide
- daß ich eine Entscheidung dadurch treffe, daß ich die notwendigen Kriterien sammle, auflistet, vergleiche und bewerte (in eine Rangfolge bringe).

Ich habe auch erkannt, daß die Berufswahl für mich wichtig ist, weil sie auf mein gesamtes weiteres Leben wesentlichen Einfluß hat.

Die Schlüsselfrage meiner Berufswahl lautet deshalb:

> Woher komme ich, wo stehe ich, wohin will ich?

Weil ich Informationen brauche, sind an dieser Berufswahl (Entscheidung) viele Personen beteiligt: die Eltern, Freunde, Bekannte, Lehrer, Berufsberater usw.

Weiter habe ich gesehen, daß meine Interessen offenbar von vielen Einflüssen abhängen und daß ich ohne ausreichende Informationen nicht sicher sein kann,
- ob meine bisherigen Vorstellungen richtig und für mich auch wirklich wichtig sind,
- ob ich den Beruf finde und erlernen kann, der meine Wünsche befriedigt,
- ob sich meine Interessen verändern können und
- ob ich jetzt schon beurteilen kann, wozu ich fähig bin und was ich leisten kann.

Wenn also meine Interessen nicht festliegen, sondern weitgehend auch davon abhängen, was ich weiß, was ich kann und was ich will, dann kann ich daraus den Schluß ziehen:

> Interessen sind das Ergebnis meiner Erziehung!

Interessen und Fähigkeiten (Eignung)

Wie sie entstehen und was sie bedeuten

An dieser Erziehung wirken außer den Eltern noch viele andere Personen mit. Einen großen Einfluß übt auch mein Lebensumfeld, insbesondere meine Freunde und die Schule, aus. Vieles geschieht, ohne daß ich es bewußt wahrnehme. Bei vielem ist mir nicht bewußt, daß meine Wünsche und Bedürfnisse, also meine Interessen und Fähigkeiten geformt werden. Interessen und Fähigkeiten sind zwei Seiten der gleichen Medaille: Fähigkeiten entwickeln sich wie Interessen. Interessen und Fähigkeiten kann ich aber nur für etwas entwickeln, was ich kenne!
Der große deutsche Dichter Johann Wolfgang von Goethe hat einmal gesagt: Der Mensch sieht nur, was er kennt!
Die *meisten* Fähigkeiten werden nicht angeboren und vererbt in dem Sinne, daß sie der eine hat und der andere eben nicht (Begabung). Dies gilt besonders für diejenigen Fähigkeiten, die für die Berufswahl wichtig sind. Es können persönliche Eigenschaften sein wie Alter, Geschlecht, Gesundheit, Aussehen, Körpergröße. Es können anerzogene sein wie sprachlicher Ausdruck, Denkfähigkeit, Konzentration, Vermögen, Ausdauer, Fleiß, Zuverlässigkeit. Noch deutlicher wird dies bei den Interessen für Musik, Literatur, Natur, Autos, Technik, Reisen, Umgang mit Menschen (Kindern). Deshalb kann ich in bezug auf die Berufswahl davon ausgehen:

> Fähigkeiten sind wie Interessen das Ergebnis von Erziehung und eigenen Erfahrungen.

Gerade die Erziehung fördert entweder meine von Natur gegebenen Anlagen oder sie vernachlässigt sie und läßt sie verkümmern. Sie formt und prägt damit Interessen und viele andere Fähigkeiten.

Menschen werden durch die Erziehung ebenso zur Leistungsbereitschaft wie zur Leistungsverweigerung angehalten.
Erziehung verläuft aber nicht bei allen auf die gleiche Weise und in der gleichen Zeit. Nur die Schule beginnt für alle zur gleichen Zeit, verläuft aber oft sehr unterschiedlich (z. B. Dauer der Haupt-, Realschule, Gymnasium). Insbesondere nimmt sie keine Rücksicht auf die verschiedenen außerschulischen Lebensbedingungen der Schüler. Deshalb haben manche Schüler mehr und andere weniger Chancen in der Schule.
Noch mehr Einfluß (auf mich) als die Schule haben meine Familie, meine Freunde und später mein Beruf. Auch die ständig auf mich einwirkende Umwelt – z. B. in der Landwirtschaft oder in der Stadt, die Natur und die Technik – prägt mich.
Wenn aber Interessen und Fähigkeiten zuerst das Ergebnis von Erziehung sind, muß ich mich fragen:

- bin ich in meiner Entscheidung bzw. in meiner Wahl für oder gegen bestimmte Berufe innerlich überhaupt frei oder
- bin ich durch meine Erziehung schon auf bestimmte Berufe oder zumindest auf eine bestimmte Berufslaufbahn festgelegt worden?

Hierzu drei Beispiele:
Der *Maschinenschlosser Meier* schickt seinen Sohn Richard auf die Hauptschule, weil der Sohn ebenso wie der Vater später einmal Facharbeiter werden und bei der gleichen Firma arbeiten soll.
Der *Arzt Meier* schickt seinen Sohn Harald auf das Gymnasium, weil auch der Sohn einmal studieren und möglichst Arzt werden soll, um die Praxis des Vaters zu übernehmen.
Der *Angestellte Meier* schickt seinen Sohn zur Realschule, weil der es einmal besser haben soll als er. Der Sohn könnte aber durchaus das Gymnasium schaffen. Diese Ausbildung dauert jedoch lange und würde den Geldbeutel der Familie überfordern (Mehr-Kinder-Haushalt).

Ich muß also wissen:

> Meine Entscheidungen zur Berufswahl werden auch von den Interessen, Fähigkeiten und Möglichkeiten meiner Eltern beeinflußt.

Dies gilt vor allem für die Entscheidung der Eltern über meine schulische Laufbahn. Die Eltern müssen diese Entscheidung aber zu einer Zeit treffen, zu der ich noch keine eigene Meinung haben und vertreten kann.

Die Schule ist der Schlüssel zum Beruf
Der Beruf ist die Tür zur Arbeitswelt

Die Schule nimmt nach der Familie die wichtigste Schlüsselstellung für meine beruflichen Chancen, insbesondere für meine Ausbildung und damit für meine spätere Stellung im Beruf und in der Gesellschaft, ein.

> Die Berufswahl wird von den Eltern entscheidend mitbestimmt. Die wichtigste Entscheidung wird bei der Wahl der Schule getroffen.

Die Berufswahl ist also *nicht nur* das Ergebnis meiner persönlichen Entscheidung, sondern auch das Ergebnis meiner sozialen Herkunft (Familie).

Die Bedeutung der Erziehung, und hier vor allem der Schule, erkenne ich auch daran, daß die verschiedenen Berufe auch unterschiedliche schulische Fähigkeiten von mir verlangen. Das bedeutet, daß ich zwar meine persönlichen Interessen und Fähigkeiten entwickeln und auch verändern kann, daß ich aber auch gezwungen bin, mich auf die Anforderungen einzustellen, die ich in den einzelnen Berufen vorfinde. Die verschiedenen Schulen wiederum trainieren meine Fähigkeiten unterschiedlich stark und befähigen mich so für bestimmte Berufe kaum, für andere aber um so mehr. So ist die Hauptschule etwa auf handwerkliche und berufspraktische, die Realschule auf kaufmännische und mittlere technische und das Gymnasium auf akademische und Studienberufe ausgerichtet.

> Ich muß deshalb nicht nur wissen, was ich will, sondern auch, was ich leisten kann.

Aus dem Vergleich von Wollen und Können lerne ich auch erkennen, was mir entweder noch fehlt oder was für mich jetzt zur Wahl steht!
Meine Interessen und Fähigkeiten werden bei der Berufswahl und Berufsausbildung nämlich nur insoweit abgefragt, verwertet und fortgebildet, als sie für die berufliche Ausbildung und die spätere berufliche Tätigkeit notwendig sind. Alle übrigen Fähigkeiten und Interessen bleiben unberücksichtigt; sie laufen Gefahr, zu verkümmern, oder sie können nur im »Privatleben« verwertet und weiter-

entwickelt werden. Diese Erfahrung ist für viele Berufstätige auch oft die Ursache für ihre berufliche Unzufriedenheit.
Unzufriedenheit ist immer Ausdruck unbefriedigter Bedürfnisse.
Die wichtigsten Anforderungen der Berufe an die Interessen und Fähigkeiten sind in den sogenannten »Zugangsvoraussetzungen« meist nur angedeutet und ungenau beschrieben. Viele Berufsausbildungsgänge setzen einfach anstelle einer Aufzählung einzelner Interessen und Fähigkeiten eine bestimmte Schulbildung voraus. Diese Voraussetzungen sind in den Ausbildungs- und Studienordnungen festgelegt und sollen sicherstellen, daß der Berufs-Anwärter »geeignet ist«.
So kann beispielsweise ein Studium an einer Hochschule nur ein Abiturient aufnehmen. Der Besuch von Fachschulen und Fachakademien setzt meist die mittlere Reife voraus. Die Berufsausbildung in einem Betrieb (duales Bildungssystem) kann zwar ohne eine bestimmte Schulausbildung abgeleistet werden. Damit ist jedoch noch nichts darüber gesagt, welche Anforderungen die einzelnen Ausbildungsbetriebe bei der Auswahl ihrer Lehrlinge tatsächlich stellen.

Deshalb gilt:

> Schul- und Berufsausbildung sind gemeinsam die Grundlage einer Berufslaufbahn. Ich kann nur zwischen den Berufen wählen, die ich mit meiner Schulausbildung erreichen kann.

Wie Eignung festgestellt wird

Ich habe erkannt, daß Interessen und Fähigkeiten besonders wichtige Merkmale und ein Maßstab dafür sind, für welche Berufe ich mich entscheiden kann.
Ich habe gesehen, daß vor allem diese Fähigkeiten ganz überwiegend anerzogen und unterschiedlich stark trainiert werden. Eine wichtige Vorentscheidung darüber, welche Interessen und Fähigkeiten stärker und welche schwächer ausgeprägt werden sollen, wird bei der Wahl der Schule getroffen.
Fähigkeiten und Interessen sind also persönliche Eigenschaften, die sicherstellen sollen, daß ich mich dazu eigne, einen Beruf zu erlernen und auszuüben oder eine Schule zu besuchen oder ein Studium zu bewältigen. Wie aber kann ich diejenigen Interessen und Fähigkeiten feststellen, auf die es bei einer Berufswahl ankommt?
Soll ich mich nach meinen Interessen oder nach meinen Fähigkeiten richten? Kann es da nicht Widersprüche geben?

Zum Beispiel:

1.

Interessen: Ich würde gerne viel reisen, vor allem in fremde Länder. Dafür bieten sich an: Berufe im Reisebüro, Industriekaufmann, Dolmetscher, Archäologe.

Fähigkeiten: Leider habe ich eine schwächliche Gesundheit. Vertrage ich ein anderes Klima, fremde Kost und die Strapazen vieler Reisen?

2.

Interessen: Ich würde gerne mit Tieren arbeiten. Berufe wie Landwirt, Tierpfleger, Dompteur, Tierarzt könnten mir dies ermöglichen.

Fähigkeiten: Bin ich körperlich den schweren Arbeiten gewachsen? Leide ich an Allergien? Reicht meine Schulbildung für ein Studium?

3.

Im Zweifel: Gibt es Mittelwege oder Auswege oder Umwege, die auch oder wenigstens teilweise zum Ziel führen?

Aus diesen Beispielen habe ich gesehen, daß es immer wieder die gleichen Fragen sind, die ich mir stelle:

- Was will ich (Wünsche, Vorstellungen, *Interessen*, Bedürfnisse, Neigungen)
- Was kann ich (*Fähigkeiten;* körperlich, geistig, schulisch, gesundheitlich, technisch, handwerklich/praktisch, musisch)
- Wo widersprechen sich Interessen (was ich will) und Fähigkeiten (was ich kann) und wo passen sie zusammen bzw. ergänzen sie sich?

Aber gerade diese Selbsteinschätzung ist besonders schwer. Interessen und Fähigkeiten werden nämlich meist aus der Beobachtung von Verhaltensweisen beurteilt. Und wer beobachtet sich schon selbst? Es ist auch sinnvoll, mehr den Interessen zu vertrauen, die man schon lange hat, als Interessen, die man erst entdeckt oder entwickelt hat. Es ist eben sehr, sehr schwierig, wirklich zu wissen, was man will.

Bei der Suche nach den eigenen Interessen und nach den Fähigkeiten wird also an das Selbstbewußtsein appelliert: *Was traue ich mir selbst zu?*

Die Begriffe Fähigkeiten, Interessen und Eignung werden oft gleichzeitig und dann wieder jeweils für sich verwendet. Was ist denn nun eigentlich richtig? Was will der Begriff Eignung aussagen?

Eignung soll Erfolg *und* Zufriedenheit im Beruf sicherstellen! Aber: Erfolg macht nicht immer zufrieden! Jeder Mensch strebt aber unablässig danach, im Leben zufrieden zu sein. Erfolg macht aber nur dann zufrieden, wenn das Ergebnis für einen wirklich wichtig ist!

> Zufrieden ist man dann, wenn man weiß, was für einen wichtig ist, also seine Interessen und Bedürfnisse wirklich kennt, und wenn man dann auch das tut, was nötig ist, um diese Bedürfnisse zu befriedigen.

Deshalb muß ich wissen:

Eignung ist ein anderes Wort für sinnvoll genutzte Interessen und Fähigkeiten. Meine Interessen und Fähigkeiten sind dann beruflich sinnvoll genutzt, wenn ich mit meiner Arbeit zufrieden bin! Damit ist auch geklärt, daß meine Fähigkeiten und Interessen (Bedürfnisse) gemeinsam eingesetzt werden müssen, um beruflich zufrieden sein zu können.

> Eignung heißt: Ich bin bereit und daran interessiert, meine körperlichen und geistigen Fähigkeiten in einer Ausbildung oder einem Beruf einzusetzen!

Die Eignung ist nur dann zu beschreiben und wird erst dann erkennbar, wenn man seine Fähigkeiten und Interessen auf ein bestimmtes Ziel, auf eine Aufgabe richtet.
Eignung bezieht sich immer auf etwas Bestimmtes: Ich bin geeignet für . . . Es kommt eben immer darauf an, zu wissen, was ich will und was ich kann!
Eignung meint also alle persönlichen Merkmale, die für die Ausübung bestimmter beruflicher Tätigkeiten und Ausbildungen wichtig sind: Geschlecht, Alter, körperliche Leistungsfähigkeit (Gesundheit), Schulwissen, Interessen und Abneigungen, Verhalten! Auch hier wird wieder deutlich, wie sehr Eignung – d. h. Interessen und Fähigkeiten – von der Erziehung in der Familie, der Schule, von Freundschaften (Kontakten) und von Erfahrungen geprägt wird.
Daraus erklärt sich auch, warum viele junge Menschen den Beruf wählen, den sie aus Erzählungen von Eltern und Freunden kennen und der ihnen diejenigen persönlichen Eigenschaften abverlangt, auf die bei ihrer Erziehung besonderer Wert gelegt wurde.

Wie werden meine Fähigkeiten und Interessen festgestellt
– durch mich selbst
– von anderen (z. B. Eltern, Lehrern, Berufsberatern, Freunden)
– gemeinsam von mir und von anderen.
Die Selbsteinschätzung ist schwierig, weil sie voraussetzt, daß man sich selbst kritisch beobachtet.
Meine Fähigkeiten leite ich am besten aus meinen schulischen Leistungen und aus meinen Erfahrungen mit meiner Gesundheit und aus der Geschicklichkeit im Umgang mit Menschen, Tieren, Sachen und täglichen Problemen ab.
Schwieriger wird es da schon bei der Feststellung meiner Interessen! Nur weil mir einmal oder hin und wieder etwas gefallen hat, kann ich wohl schwerlich sagen, daß es mich interessiert. Wofür interessiere ich mich am meisten: für Menschen, Tiere (Lebewesen), Natur, Technik/Sachen, Hand- oder Kopfarbeit?

Ich muß also immer wieder nachprüfen, *wie tief das Interesse sitzt, woher ich es habe und warum ich interessiert bin.*
Eine sehr wertvolle Unterstützung kann mir das Arbeitsmaterial der Berufsberatung und vor allem ein persönliches Beratungsgespräch mit dem Berufsberater sein.
Aufschlußreiche Interessentests enthält etwa
»Step« – für Hauptschüler,
       – für Realschüler,
       – für Abiturienten.
Jede Schule und jedes Arbeitsamt stellt dieses Material kostenlos zur Verfügung.
Hier ein kleines Beispiel für eine mögliche Selbsteinschätzung:

Ich interessiere mich für …	Woher habe ich dieses Interesse …	Warum bin ich interessiert …
die Arbeit mit Autos (herstellen, warten, reparieren)	mein Vater arbeitet in einer Autofabrik und bastelt gerne an seinem Auto – ich darf ihm helfen	Ich will später selber Auto fahren, will mein Auto selber reparieren können; will in diesem Beruf arbeiten, weil ich viel Geld verdiene. Ich will in der gleichen Fabrik wie mein Vater arbeiten.
kaufmännische Aufgaben, wie Kalkulation, Ein- und Verkauf, Vertrieb	Wirtschaftskunde hat mir in der Schule sehr gut gefallen; der Lehrer war nett, hier habe ich gute Noten geschrieben	Ich erwarte mir eine vielseitige, selbständige und entwicklungsfähige Arbeit; ich glaube, daß ich in diesem Beruf auch meine Interessen an Fremdsprachen und Auslandsreisen befriedigen kann.

In der Praxis der Berufsberatung und beim Auswahlverfahren der Betriebe wird die Eignung in aller Regel anhand von Schulzeugnissen, Tests und Gesprächen, vielfach aber auch zusätzlich mit Hilfe von medizinischen oder fachpsychologischen Eignungsgutachten festgestellt.
In den schulischen Leistungen zeigen sich meist die besonders ausgeprägten persönlichen Interessen. Andererseits können aber Vor-

lieben für bestimmte Unterrichtsfächer (z. B. Sprachen oder Mathematik) von Neigungen zu bestimmten Lehrern abhängen oder davon, daß dies zu Hause stark gefördert wurde. Deshalb können schulische Leistungen nicht zuverlässig aussagen, daß ich Interesse für solche Berufe habe, auf die bestimmte Schulfächer deutlich hinweisen. Es ist auch klar, daß es wenig Sinn hat, eine Berufsausbildung oder einen Beruf zu wählen, für die ich körperlich nicht geeignet bin.

Bei der Beurteilung meiner Eignung für bestimmte Berufe darf ich auch nicht übersehen, daß es nicht nur um eine Eignung *für etwas* geht. Ich muß mich umgekehrt auch fragen, *welche Berufe sich für mich* eignen.

> Das oberste Ziel meiner Berufswahl muß sein, einen solchen Beruf zu wählen, der für mich geeignet ist. Eignung heißt, im Beruf zufrieden sein!

Nun bin ich zweifellos für sehr viele Berufe körperlich und geistig befähigt. Ich interessiere mich aber nur für einige wenige Berufe. Ich glaube, in bestimmten Berufen die Tätigkeit ausüben zu können, die mir Spaß macht oder die ich interessant finde. Vielfach auch deshalb, weil ich glaube, sie zu kennen. Die Erfahrung zeigt, daß sich der Berufsanwärter meist nur für solche Informationen interessiert, die sich auf diese Berufe beziehen. Hier sollte ich mich daran erinnern, wie wichtig Informationen für eine Auswahl, d. h. für eine Entscheidung sind.

Deshalb ist gerade für die Beurteilung der Eignung die Hilfe der Berufsberatung so wichtig.

> Die Berufsberatung beurteilt die Eignung eines Schulabgängers für bestimmte Berufe nicht nur nach Schulzeugnissen, Gutachten von Ärzten und Psychologen (Tests). Sie führt vor allem Beratungsgespräche.

Je besser man sich auf diese Beratung vorbereitet, um so wirkungsvoller ist die Hilfe. Es kann schädlich sein, den Berufsberater von Anfang an auf bestimmte Berufe festzulegen. Dies kann nämlich zur Folge haben, daß bei Tests und Beratungsgesprächen nur die Interessen und Fähigkeiten abgefragt und ermittelt werden, die für diese bestimmten Berufe wichtig sind.

Ich muß deshalb Wert darauf legen, daß alle meine Interessen und Fähigkeiten, also meine Eignung, erforscht werden. Erst dann können die Berufe aufgezeigt werden, die für mich in Frage kommen.

In aller Regel ist es so, daß alle diejenigen Berufe von vornherein ausgeschieden werden, die ich aufgrund meiner vorhandenen Schulbildung nicht erlernen kann (siehe Zugangsvoraussetzungen).

> Die Eignung wird festgestellt, indem persönliche Merkmale (Interessen, Fähigkeiten) ermittelt und den Anforderungen der Berufe gegenübergestellt werden.

> So werden beispielsweise *folgende Fähigkeiten* mit Hilfe von Leistungstests ermittelt:
> Logisches Denken, räumliches Vorstellungsvermögen, Rechenfähigkeit, Sprachverständnis, Formauffassung, Büroroutine, Hand- und Fingergeschicklichkeit.
> *Folgende Fähigkeiten* soll der Berufsanwärter in Form von Fragen und Antworten selbst beurteilen:
> Gleichförmige Arbeit ausführen, handwerkliche Exaktheit, technische Findigkeit, Lernleichtigkeit, Urteilsleichtigkeit, ästhetisches Gestalten, Kontaktsicherheit, organisieren, psychische Robustheit, gewissenhaftes Arbeiten, Selbstbeherrschung, allein arbeiten.
> Ebenso werden etwa *folgende Interessen* mit Hilfe von Fragen ermittelt:
> Interesse für Arbeit im Freien, für wagemutigen Einsatz, für einfache praktische Arbeiten, für exakte Formherstellung, für Technik, wissenschaftliche Bildung, für kreative Tätigkeit, für sozialen Einsatz, für Kontaktberufe, berufliche Geltung, für Verkaufstätigkeit, Büroroutine.

Um verstehen zu können, warum gerade diese Fähigkeiten und Interessen abgefragt werden, muß ich nicht nur die sogenannten Arbeitsbedingungen und fachlichen Anforderungen der Berufe bzw. der Berufsausbildung kennen.

Ich sollte auch wissen, welche Interessen die Ausbildungsbetriebe und späteren Arbeitgeber haben. Was ist für den Betrieb wichtig, worauf legt man hier besonderen Wert? Denn diese *betrieblichen Interessen* gehen in die sogenannten *Anforderungen der Berufe* ein.

Umfragen und Gespräche zeigen zum Beispiel, daß von den Betrieben in erster Linie gefordert werden:

> Fleiß, Lernwilligkeit, Zielstrebigkeit, Aufgeschlossenheit und Ehrgeiz. Es folgt mit knappem Abstand der Ordnungssinn.

An zweiter Stelle stehen: Genauigkeit, Gewissenhaftigkeit, Sorgfalt, Zuverlässigkeit, Pünktlichkeit. Dicht darauf folgen: Pflichtbewußtsein, Berufsinteresse und Arbeitsfreude; auch Sauberkeit und Ausdauer haben hohen Stellenwert; großer Wert wird auf gutes Benehmen, auf Achtung vor Älteren und Vorgesetzten gelegt; die Konzentrationsfähigkeit wird vor allem in der Industrie und im Handwerk geschätzt; weit abgeschlagen folgen dann Ehrlichkeit, Verantwortungsgefühl für Menschen und Sachen, selbständiges Denken und Arbeiten, Selbstdisziplin, Urteils- und Kritikfähigkeit sowie Mobilität.

Es werden also in erster Linie solche Eigenschaften und Verhaltensweisen von mir gefordert, die sicherstellen, daß ich mich in den Betrieb und in den Arbeitsplatz einpasse. Andere persönliche Eigenschaften, die an sich viel wichtiger sind und die ich vor allem im täglichen Umgang mit Menschen benötige, fallen unter den Tisch. Das sind insbesondere: Verantwortungsfähigkeit, Selbstwertgefühl, Selbstvertrauen, Selbständigkeit, Kritik- und Urteilsfähigkeit, Rücksicht, Toleranz.

Viele Menschen sind also gezwungen, sich jeden Tag umzustellen. Im Beruf sollen sie ehrgeizig, fleißig und ordentlich sein, sich unterordnen, einfügen, mitmachen und kreativ oder einfach belastbar sein. Im Privatleben aber sollen sie wissen, was für sie wirklich wichtig ist, sie sollen eine eigene Meinung vertreten, sollen entscheiden können und selbständig handeln, sie sollen tolerant und bescheiden sein und Gemeinnutz vor Eigennutz gelten lassen.

Diese Beispiele zeigen Widersprüche, mit denen ich während meiner gesamten persönlichen Entwicklung fertig werden muß. Die Chance etwa, daß ich im Beruf selbständig und verantwortlich arbeiten oder gar selbst Entscheidungen beeinflussen und treffen kann, hängt sehr davon ab, welche Tätigkeit ich ausübe, und dies wiederum davon, was für eine Ausbildung ich abgeleistet habe. Viele Berufstätige streben vor allem deshalb den Aufstieg im Beruf an, weil sie hoffen, dann selbständiger und eigenverantwortlicher arbeiten zu können.

Hinzu kommt die Erfahrung, daß auch der immer wiederkehrende, tägliche Umgang mit bestimmten Materialien und die gesamte Arbeitsatmosphäre einen Menschen prägen. Meine Interessen und Fähigkeiten werden in ganz bestimmter Weise (berufsspezifisch) weiter- bzw. zurückentwickelt.

Zum Schutze meiner Persönlichkeit sollte ich mir deshalb bewußt machen:

> Menschen machen Werkzeuge – aber der Umgang mit
> Werkzeugen formt auch die Persönlichkeit der Menschen.

Es zeigt sich, wie schillernd, abhängig und zeitgebunden der Begriff Eignung ist. Es wird wieder deutlich, wie sehr meine Berufswahl jetzt und später von meinen gesellschaftlichen (familiären) und wirtschaftlichen (beruflichen) Lebens- und Arbeitsbedingungen abhängt. Allerdings kann ich diese Bedingungen *nicht* oder nur *wenig* beeinflussen. Ich kann sie mir aber bewußt machen, und ich kann sie bei meinen Entscheidungen berücksichtigen.
Einige dieser wichtigen gesellschaftlichen und wirtschaftlichen Bedingungen lerne ich aus folgenden Fragen kennen:

- bin ich bei der Wahl eines Berufes an eine bestimmte Schulausbildung gebunden? Unter welchen Bedingungen könnte ich meine Schulausbildung weiter voranbringen?
- wo gibt es für mich interessante Ausbildungs- oder Studienplätze?
- wieviele Bewerber wollen in bestimmten Ausbildungsberufen oder Studienfächern lernen (Konkurrenz)?
- was wird in der Arbeit verlangt – welche fachlichen und körperlichen Anforderungen stellen die späteren Arbeitsplätze? Wie hoch ist das Risiko, in den Berufen arbeitslos oder arbeitsunfähig zu werden (z. B. Berufsunfälle und Berufskrankheiten)?
- was kann ich mit der Berufsausbildung später anfangen? Wie kann ich die erworbenen beruflichen Kenntnisse später verwerten (Arbeits-, Verdienst- und Aufstiegsmöglichkeiten);
- was gilt der Beruf – wie hoch ist sein soziales Ansehen in der Öffentlichkeit?
- welche Anforderungen stellt die Berufsausbildung; wie lange dauert sie; muß ich viel theoretisch oder praktisch lernen; wie verläuft die Ausbildung im Betrieb/in der Schule?
- gibt es Zugangsbeschränkungen zum Studium?
- kann ich mir meine Ausbildungswünsche auch finanziell erfüllen?

Ich muß erkennen, daß es nicht nur darauf ankommt, was ich will und was ich kann (Eignung), sondern auch noch darauf, was möglich ist! Diese Möglichkeiten werden im wesentlichen bestimmt von der Beschäftigungslage (Konjunktur), der Konkurrenz auf dem Ausbildungsstellen- und auf dem Arbeitsmarkt, von der technischen Entwicklung (Rationalisierung), von den Ausbildungs- und Arbeitsplätzen in oder um meinen Wohnort, von der finan-

ziellen Leistungsfähigkeit meiner Eltern oder der staatlichen Förderung der Ausbildungskosten, von den Ausbildungsbedingungen oder -beschränkungen und noch einigem mehr!
Ich liste mir die wichtigsten Fragen auf und versuche, dafür aus Büchern, von Eltern, Lehrern und Bekannten sowie von dem Berufsberater die Antworten zu erhalten.

Beispiel

Ich erwäge, den Beruf .... zu erlernen

Frage	Antwort
Welche Berufsausbildung muß ich ableisten (betriebliche Ausbildung, Berufsfachschule, Fachschule/Hochschule)?............	....
Wie lange dauert diese Ausbildung.....................................	....
Wo gibt es Ausbildungsstellen (an welchem nächstgelegenen Ort, in welchen Betrieben)?..............	....
Wollen diesen Beruf und Ausbildungsweg viele Schulabgänger erlernen?.....................................	....
Muß ich mit großer Konkurrenz um den Ausbildungsplatz rechnen?.....................................	....
Gibt es ein besonderes Aufnahme- bzw. Ausleseverfahren für die Ausbildung?......................	....
Werden besondere Anforderungen an die Schulbildung gestellt?...	
Muß ich mit finanziellen Kosten rechnen?.....................................	....
Wie sind die Beschäftigungsaussichten in dem Beruf zu beurteilen?	
● werden besondere Ansprüche an das körperliche/gesundheitliche Leistungsvermögen gestellt?.....................................	....
● wird erwartet, daß man auch auswärts arbeitet?...............	....

Frage	Antwort
• in welcher Wirtschaftsbranche oder Verwaltung kommt dieser Beruf häufig vor?............	....
• kann diesen Beruf auch ausüben, wer keine besondere Ausbildung hat?................	....
• kann man mit dem Beruf (mit der Berufsausbildung) auch in anderen Branchen oder Berufen arbeiten?........................	....
• wie hoch ist das Risiko, arbeitslos zu werden?..............	....
• werden in diesem Beruf eher Arbeitskräfte gesucht?..........	....
• wie hoch ist die Gefahr, durch die Arbeitsbelastung zu erkranken oder einen Berufsunfall zu erleiden?................	....
• wie sind die Verdienstchancen?........................	....
• wie ist das Entlohnungssystem (festes Gehalt/Akkord/Verdienstausfälle/Zulagen und Prämien)?........................	....
• nimmt die Zahl der Arbeitsplätze in diesem Beruf eher zu oder ab (z. B. infolge von Technik/Rationalisierung)?....	....
• wie ist es, wenn man älter wird (ab 35/40 Jahre)?.................	....
• welches Ansehen hat der Beruf in der Öffentlichkeit? hohes/ niedriges/kaum bekannt/durchschnittlich?......................	....
• gibt es bestimmte Aufstiegsmöglichkeiten oder ist dies vom Beschäftigungsbetrieb abhängig?...........................	....
• Sind in diesem Beruf eher junge oder ältere Arbeitnehmer beschäftigt, oder ist die Altersstruktur ausgeglichen?.........	....

Frage	Antwort
• wandern nach der Ausbildung viele in andere Berufe ab und wenn ja, in welche?	....
• wie sind die Chancen für Frauen zu beurteilen?	....

Trotz dieser verwirrenden Vielfalt von Fragen und möglichen Antworten darf ich das eigentliche Ziel meiner Berufswahl nie aus den Augen verlieren:

Das wichtigste Anliegen jeder Berufswahl ist die spätere Zufriedenheit mit dem Beruf.

Zufrieden kann ich dann sein, wenn ich einen guten Arbeitsplatz habe. Wie aber muß ich mir einen guten Arbeitsplatz vorstellen?

Ein guter Arbeitsplatz zeichnet sich dadurch aus,
- daß ich den Erfolg meiner Arbeit erkennen kann;
- daß ich weiß, für wen ich arbeite, für wen also meine Arbeit nützlich ist;
- daß ich bei meiner Tätigkeit noch dazulerne;
- daß ich mir meine Arbeit wenigstens teilweise selbst einteilen kann;
- daß ich bei Entscheidungen mitwirken kann;
- daß ich auch etwas persönlich verantworten kann.

Diese Aufzählung kann man erweitern um Merkmale, die vor allem in der Öffentlichkeit zum Ansehen eines Berufes beitragen. Danach werden insbesondere solche Personen beneidet, die
- selbständig arbeiten können;
- ein Fachwissen einbringen und erweitern können;
- eine gute und sichere Bezahlung erhalten;
- vielseitig tätig sein können;
- eine sichere Beschäftigung ausüben können;
- auf ihren Beruf stolz sein können.

Ich will zwar keinen Wunschträumen nachhängen und in Illusionen schwelgen! Aber entmutigen lasse ich mich auch nicht. Was heißt das schon: Man muß die jungen Leute auf den Boden der Tatsachen zurückholen. *Hier ist Vorsicht geboten!* Zwar gibt es Hindernisse für die Erfüllung von Berufswünschen, wie z. B. bestimmte Schulabschlüsse, aber wenn man etwas wirklich will, können sie meist auch überwunden werden. Man kann Schulabschlüsse nachholen (z. B. Abendschulen, Volkshochschulen, Berufsaufbauschulen), oder man kann über den beruflichen Aufstieg, durch Fortbildung etwa zum Facharbeiter/Meister/Techniker, die angestrebte berufliche Tätigkeit erreichen.

> Wenn es stimmt, daß der Wettbewerb der Motor unserer Wirtschaft ist und Konkurrenz das Geschäft belebt, dann muß auch gelten, daß jeder Mensch danach streben darf, seine beruflichen Ziele zu erreichen!

Ich muß aber nicht unbedingt nach oben wollen! Wenn ich davon überzeugt bin, daß ich mit einem bestimmten Beruf zufrieden sein kann, dann habe ich das wichtigste Ziel der Berufswahl erreicht. Maßstab für die Zufriedenheit müssen immer und zuerst die eigenen Bedürfnisse sein. Dahinter steht die wissenschaftlich vielfach erprobte Erkenntnis, daß jeder Mensch zwar bestimmte Bedürfnisse hat, die er erfüllen will, um zufrieden zu sein, daß diese Bedürfnisse aber nicht für alle Menschen gleich wichtig sind! Wir haben unverzichtbare Grundbedürfnisse wie Hunger und Durst stillen oder das Bedürfnis nach Sicherheit (Angst vor der Zukunft); wir wollen auch alle von anderen anerkannt, geliebt und benötigt werden. Menschen wünschen sich Ansehen und Einfluß; sie wollen auf sich stolz sein und sich selbst verwirklichen können. Deshalb wollen wir am liebsten solche Arbeiten verrichten können, die wir für sinnvoll halten.

Die Überlegungen zu Fragen der Eignung und Erwartungen in künftigen Berufen führen hin zu einer weiteren Schlüsselfrage der Berufswahl:

Wann bin ich wirklich in der Lage, einen Beruf zu wählen?

Berufswahl ist eine Entscheidung, die *ich* treffen muß, sonst treffen sie andere für mich. In diese Entscheidung fließen persönliche Fähigkeiten und Interessen ein, die ich im Verlauf meines bisherigen Lebens erworben habe. Die Berufswahl wirkt auch ein Leben lang nach. Sie ist aber nichts Einmaliges und Unwiderrufliches! Sie kann korrigiert und ergänzt werden. Dafür gibt es berufliche Umschulung oder beruflichen Aufstieg oder andere berufliche Tätigkeiten bei gleicher Ausbildung in anderen Berufen und Betrieben. Das ist wichtig zu wissen, weil ich im Laufe meiner persönlichen Entwicklung auch unterschiedlich befähigt bin, über mich selbst und über Berufe zu urteilen. Es ist immer sehr schwer zu wissen, was ich will und was ich kann.

> Eine Berufswahl kann ich treffen, wenn ich fähig bin, mich zu entscheiden.

Berufswahlreife, das heißt eine berufliche Entscheidungsfähigkeit, besitze ich,

- wenn ich weiß, daß ich über meinen Beruf selbst entscheiden muß;
- wenn ich die Bedeutung eines Berufes für mein späteres Leben richtig einschätzen kann;
- wenn ich sowohl meine eigenen Interessen und Fähigkeiten als auch die Anforderungen der Berufe kenne;
- wenn ich weiß, daß ich mit dem Beruf auch die Arbeitsbedingungen wähle und wie sehr diese Arbeitsbedingungen später meine Interessen und Fähigkeiten prägen werden;
- wenn ich weiß, daß ich eine Berufswahl später ergänzen und korrigieren kann.

Beruf

Arbeitsplätze:

- Art des Betriebes (Industrie, Handwerk, Verwaltung, Bau etc.)
- innerbetriebliche Position (Hierarchie)
- Entlohnungssystem (Monats-, Akkord-Lohn etc.)
- Arbeitszeit (fest, Schicht, unregelmäßig)
- Risiko bei Krankheit, Arbeitslosigkeit oder Unfall
- Abhängigkeit von technologischen Entwicklungen

berufliche Tätigkeiten:

- Aufgabe der beruflichen Tätigkeit
- soziales Ansehen der Tätigkeit
- Umgang mit Menschen (Werkzeugen)
- geforderte berufliche Ausbildung
- selbständige und verantwortl. Tätigkeit
- einseitige berufliche Anforderungen oder vielseitige Betätigung
- berufl. Entwicklungsmöglichkeiten (z.B. Aufstieg oder Verwertbarkeit in anderen Berufen)

Hilfen zur Berufswahl:

Berufsberatung, Schulberatung, Berufswahlunterricht, eigene Informationen aus Gesprächen, Besichtigungen, Praktika, Literatur, Finanzierungshilfen (BAföG, AFG), fachpsychologische Eignungstests, ärztliche Gutachten

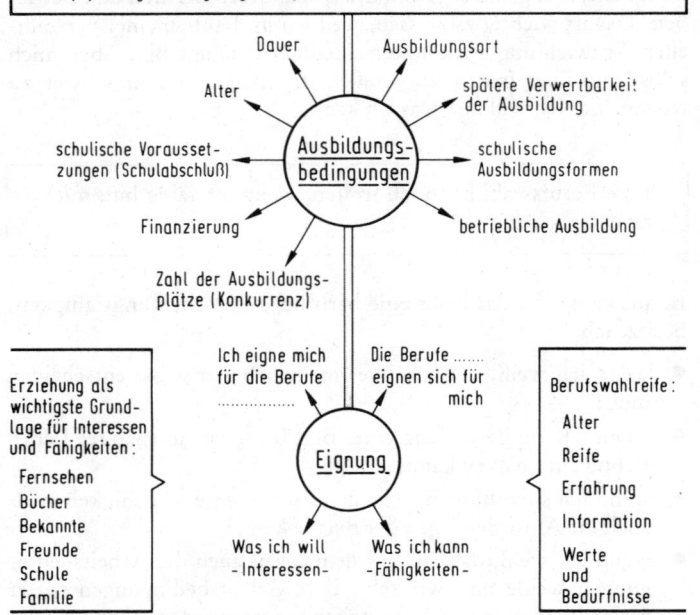

Ausbildungsbedingungen

- Dauer
- Ausbildungsort
- Alter
- spätere Verwertbarkeit der Ausbildung
- schulische Voraussetzungen (Schulabschluß)
- schulische Ausbildungsformen
- Finanzierung
- betriebliche Ausbildung
- Zahl der Ausbildungsplätze (Konkurrenz)

Eignung

Ich eigne mich für die Berufe ......

Die Berufe ...... eignen sich für mich

Was ich will - Interessen -

Was ich kann - Fähigkeiten -

Erziehung als wichtigste Grundlage für Interessen und Fähigkeiten:

- Fernsehen
- Bücher
- Bekannte
- Freunde
- Schule
- Familie

Berufswahlreife:

- Alter
- Reife
- Erfahrung
- Information
- Werte und Bedürfnisse

So finde ich den richtigen Beruf!

40

Ich erkenne, wie sehr meine Fähigkeit zur Berufswahl auch von meiner persönlichen Reife, insbesondere von meinem Alter abhängt. Ich frage, ab wann ich denn überhaupt weiß, um was es geht und was ich will. Was sind in meinen Vorstellungen Täuschungen und Träume, und was sind Interessen und Wünsche, die ich verwirklichen kann. Ich muß wissen, daß Menschen im Laufe ihrer Entwicklung immer wieder neue Interessen und Erkenntnisse gewinnen! Dies kann auch dazu führen, daß eine Berufswahl verändert werden muß! *Berufswahlreife ist das Ergebnis einer ständigen Entwicklung meiner Persönlichkeit!* In sie gehen die Erfahrungen mit Menschen und mit Arbeit ein. Deshalb sind Entscheidungen grundsätzlich nur für den Zeitpunkt richtig, zu dem sie getroffen wurden.

Jeder Mensch durchlebt im Laufe seines Lebens unterschiedliche Entwicklungsstufen (Reifegrade). Es entstehen immer neue Bedürfnisse, Interessen und Fähigkeiten, oder sie verändern ihre Bedeutung für mein Leben.

- Im *Wachstum* – also im Alter bis zu 14 Jahren – werden Bedürfnisse und Wünsche aufgebaut, entwickelt und geformt (Erziehung);
- Im Alter von 15 bis 24 Jahren *verstärken* sich Interessen und Fähigkeiten; sie werden von den jungen Menschen ausprobiert, erkundet und ausgewählt.
- Im Alter von 25 bis 44 Jahren müssen häufig besonders wichtige Entscheidungen getroffen werden; die Lebensweise kann verändert werden. Hierzu zählen insbesondere Entscheidungen im Beruf, in der Ehe und in der Familie. Dadurch werden Bedürfnisse und Interessen korrigiert bzw. berichtigt und verfestigt, man paßt sich an und verzichtet auf sogenannte Jugendträume.
- Im Alter von 45 bis 65 Jahren – mit zunehmendem Alter – will man die erreichten Positionen (»Hab und Gut«) zusammenhalten und absichern (»keine Experimente!«).
- Im Alter etwa ab 65 Jahren und vor allem im Alter über 70 Jahren räumt man mehr oder weniger freiwillig »anderen das Feld« und richtet sich auf die schwindende Leistungsfähigkeit ein (man geht in den Ruhestand).

Diese Erkenntnisse von Entwicklungsstufen und von sich verändernden Einstellungen und Interessen je nach dem Lebensalter sind wichtig bei der Berufswahl. Sie führen zu folgenden Fragen:

1. Bin ich im Alter von 15/20 Jahren imstande, eine so wichtige Entscheidung zu treffen?
2. Kann ich schon so weit vorausplanen?
3. Welche Einstellung zum Beruf und zum Leben darf ich von den Personen erwarten, die mich beraten und mir ihre Meinung sagen, die mir über ihre Erfahrungen berichten und mich informieren?
4. Was bedeutet es für mich, wenn Berufswahl keine endgültige Entscheidung zu sein braucht?

Sicher ist, daß eine Berufswahl im Alter von 20 Jahren und nach 13 Schuljahren eher abgesichert ist und zur Zufriedenheit im Beruf führt, als eine Berufswahl schon mit 15 Jahren, mitten in der Pubertät und nach 8 oder 9 Schuljahren.

Wenn ich mich informiere und mit Freunden und Bekannten spreche, muß ich auch wissen, daß Personen im Alter zwischen 20 und 40 Jahren sich eher kritisch über ihre berufliche Situation äußern, weil sie sich entweder mehr oder etwas anderes erwartet haben. Sehr junge Berufsanfänger bis 20 Jahre und auch wieder ältere Arbeitnehmer über 40 Jahre sind dagegen eher zufrieden. Die ganz Jungen, weil sie als Berufsanfänger noch keine Erfahrungen gesammelt und noch »Illusionen« haben. Die Älteren, weil sie »etwas erreicht haben« oder sich mit zunehmendem Alter mit ihrer beruflichen Lage abgefunden haben und froh sind, wenn sie das Erreichte halten können (siehe Probleme der Frühinvalidität, Arbeitslosigkeit im Alter ab 40 Jahren, Konkurrenz der Jüngeren am Arbeitsplatz).

Hier gilt es, folgende Erfahrung zu beachten:

> Es ist leichter, zuzugeben, daß man etwas nicht weiß, als zuzugeben, daß etwas, was man weiß, nicht richtig ist.

Besondere Fragen zur Berufswahl von Mädchen

Das althergebrachte Verständnis von der Rolle der Frau in der Familie unterstellt, daß die Berufswahl von Mädchen wesentlich weniger wichtig ist als bei Jungen (»Mädchen heiraten ja doch einmal«). Aber 38% aller Frauen sind berufstätig, oft unter erheblich stärkeren physischen und psychischen Belastungen als Männer. Die meisten von ihnen haben Familie und Kinder.

- Frauen sind sehr häufig als un- oder angelernte Arbeiterinnen an Fließbändern, im Akkord, in Schichtarbeit und mit monotonen, einseitig belastenden Arbeiten beschäftigt. Dies gilt nicht nur für gewerblich tätige Arbeiterinnen, sondern immer mehr auch für Angestellte und Beamtinnen in den Büros.
- Frauenarbeit wird schlechter bezahlt.
- Frauen haben geringere Aufstiegschancen und werden bei der Stellen- und Bewerberauswahl benachteiligt.

Die wichtigsten Gründe dafür sind: Mädchen werden im Verlauf ihrer Erziehung noch immer sehr betont auf ihre Rolle als Hausfrau und Mutter vorbereitet (Du heiratest ja doch einmal). Daraus folgt, daß Mädchen bei der Berufsausbildung meist zu kurz kommen. Sie erlernen entweder gar keinen Beruf oder einen typischen »Frauenberuf«, der ohnehin schlecht bezahlt und oft genug nur im jungen Lebensalter ausgeübt wird (z. B. Friseuse, Arzthelferin etc.). Als drittes kommt hinzu, daß bei der Niederkunft häufig aus dem Beruf für einige Jahre ausgeschieden wird. Die Rückkehr ins Arbeitsleben fällt schwer, und Arbeitgeber stellen bei Arbeitsplatzbesetzungen häufig genug in Rechnung, daß »die Frau« ja noch einmal Mutter werden könnte.
Erfreulicherweise beginnt sich diese Einstellung zur Berufstätigkeit der Frau zu ändern. Immer mehr Eltern und junge Mädchen erkennen, wie wichtig die Schul- und Berufsausbildung für jeden von uns ist. Dies zeigt sich deutlich in dem wachsenden Anteil der Mädchen an den Schülerzahlen in weiterführenden Schulen (Real-

schulen und Gymnasien). Immer mehr Mädchen leisten auch eine Berufsausbildung ab; aber noch immer beschränken sich viel zu viele Mädchen auf sogenannte typische Frauenberufe. 80% aller Mädchen werden in nur zehn Berufen ausgebildet: Verkäuferin, Friseuse, Arzt- und Rechtsanwaltsgehilfin, kaufmännische und Büroangestellte (Büro-, Industrie-, Einzelhandels-, Bank-, Großhandelskaufmann).

Gerade an diesem Berufswahlverhalten zeigt sich, wie stark die Berufswahl von den durch die Erziehung vermittelten Interessen und Fähigkeiten abhängt. Das Selbstbewußtsein und Selbstvertrauen der Mädchen steigt zwar ständig; dies schlägt sich aber im Verhalten bei der Berufswahl nur zögernd nieder. Die wachsende Zahl der Mädchen in sogenannten typischen Männerberufen wie z. B. Schlosser zeigt auch, wie wenig die angeborenen Fähigkeiten die Berufswahl entscheiden müssen.

Dies gilt selbstverständlich auch für die Studienberufe. Auch Frauen können erfolgreiche Ingenieure, Chemiker, Physiker, Mathematiker oder Juristen werden.

> Es gibt keinen Nachweis für unterschiedliche Begabungen, wohl aber für erziehungsbedingte typische Interessen von Männern bzw. von Frauen.

Hier eine Liste von »Männer«-Berufen, in denen Mädchen bereits erfolgreich ausgebildet worden sind:

- Feinoptikerin, Chemiefacharbeiterin, Buchbinderin;
- Schriftsetzerin, Druckvorlagenherstellerin, Druckformenherstellerin, Druckerin;
- Dreherin, Bohrwerkdreherin, Universalfräserin, Universalschleiferin, Galvaniseurin, Schmiedin, Feinblechnerin;
- Gas- und Wasserinstallateurin, Schlosserin, Maschinenschlosserin, Maschinenbauerin, Betriebsschlosserin, Stahlbauschlosserin;
- Kraftfahrzeugmechanikerin, Flugzeugmechanikerin, Metallflugzeugbauerin, Feinmechanikerin, Mechanikerin, Büromaschinenmechanikerin, Werkzeugmacherin, Stahlformenbauerin, Meß- und Regelmechanikerin;
- Energieanlagenelektronikerin, Fernmeldeelektronikerin, Fernmeldehandwerkerin, Energiegeräteelektronikerin, Feingeräteelektronikerin, Informationselektronikerin, Radio- und Fernsehtechnikerin, Funkelektronikerin;

- Textilmechanikerin, Textilveredlerin;
- Fahrzeugpolsterin, Tischlerin, Holzmechanikerin, Modelltischlerin;
- Maler- und Lackiererin, Lackiererin (Holz und Metall).

Diese Liste ist nicht vollständig. Sie will zeigen, daß mit Ausnahme einiger körperlich sehr schwer belastender Berufe (z. B. im Bau) Mädchen grundsätzlich Zugang zu allen Berufen finden sollten!

Typische »Männer«- und »Frauenberufe«

Grundsätzlich gilt: Männer sind meist in handwerklich-technischen Berufen und Frauen in Dienstleistungsberufen sowie in Berufen des Textil- und Bekleidungsgewerbes tätig.

Besonders bei den typischen Frauenberufen fällt auf, daß es sich hier vorwiegend um Tätigkeiten handelt, die sich aus dem Haushalt, also aus der Arbeit der Frau in der Familie, entwickelt haben.

Viele Tätigkeiten sind deshalb im Laufe von Jahren zu Berufen geworden, weil sie immer häufiger gegen Lohn bzw. Bezahlung angeboten wurden (erwerbswirtschaftliche Betätigung). Gerade an den typischen Frauenberufen läßt sich erkennen, wie sich Berufe über die Arbeitsteilung und aus der technischen Entwicklung herausbilden. Viele Berufe werden aber auch deshalb besonders häufig von Männern oder andere wieder von Frauen gewählt, weil die Erziehung auf diese Entscheidung hinführt.

Typische Männer- und Frauenberufe sind noch immer:

Maurer	Sprechstundenhelferin
Installateur	Näherin, Schneiderin
Kraftfahrzeugmechaniker	Stenotypistin
Maler und Lackierer	Verkäuferin
Schlosser	Krankenpflegerin
Rechtsanwalt	Raumpflegerin
Ingenieur	Lehrerin
Chemiker	Apothekerin
sonstige naturwissenschaftliche Berufe	Haushalts- und Ernährungswissenschaftlerin
	Medizin

Da Frauen nach wie vor weit stärker als Männer außerdem familiäre Aufgaben, wie Erziehung und Pflege der Kinder, zu bewältigen haben, wird der Wunsch nach mehr Mädchen/Frauen in Männerberufen nur verwirklicht werden können, wenn die Arbeitszeitregelungen an die Bedürfnisse der Frauen angepaßt werden. Auch werden andere Arbeitsbedingungen verbessert bzw. verändert werden müssen, um Frauen diese Berufe nicht nur interessant, sondern auch möglich zu machen.

Worüber bei der Berufswahl entschieden wird

Mit der Berufswahl entscheide ich über wichtige Grundlagen für meine künftige Lebensführung:

> Ich entscheide darüber,
> - was und wer ich einmal sein werde (soziale Stellung in Arbeit und Gesellschaft);
> - mit welchen Menschen, Werkzeugen und Werkstoffen ich zu tun haben werde;
> - ob und wieviel ich selbständig oder weisungsgebunden arbeiten werde;
> - auf welchen Arbeitsplätzen in welchen Betrieben und an welchen Orten ich arbeiten werde;
> - was von mir an körperlicher, geistiger und nervlicher Leistung gefordert werden wird;
> - welche Aufstiegschancen ich habe und wie sicher mein Arbeitsplatz vor wirtschaftlichen und technologischen Veränderungen sein wird;
> - ob ich meine Interessen und Fähigkeiten auch und besonders im Beruf verwirklichen und fortentwickeln kann (Jeder Mensch strebt nach Selbstverwirklichung).

Ich habe gelernt, daß ich bei der Berufswahl wissen muß,
1. welche Interessen und Fähigkeiten *ich* habe oder noch erwerben kann und
2. welche Berufe und Ausbildungsmöglichkeiten es gibt, und was von mir gefordert wird.

Um aber einen Beruf wirklich einschätzen oder gar bewerten zu können, muß ich wissen, was Berufe sind, wie sie sich voneinander unterscheiden und auf welche Merkmale beruflicher Tätigkeit es besonders ankommt.

Der Beruf – was er ist und wie viele Berufe es gibt

In unserer Arbeitswelt gibt es ca. 27 000 Bezeichnungen von beruflichen Tätigkeiten. Viele von ihnen sind in den 450 anerkannten Ausbildungsberufen enthalten bzw. zusammengefaßt. Außerdem gibt es eine Vielzahl von staatlich anerkannten (Studien-)Berufen, die nach Gesetzen der einzelnen Bundesländer oder des Bundes geregelt sind. Für die Berufsgrundbildung an Berufsschulen wurden 13 Berufsfelder entwickelt, denen die verschiedenen Ausbildungsberufe zugeordnet werden sollen. Es gibt etwa 182 Studienfächer an Hochschulen und Universitäten sowie 70 Studienfächer an Fachhochschulen (ohne Beamtenfachhochschulen), die staatlich anerkannte Berufsbezeichnungen verleihen. Berufsbezeichnungen werden auch über die Fachschulen (z. B. Techniker) oder über andere staatlich anerkannte Fortbildungsgänge (z. B. Meisterschulen) verliehen.

Die Vielfalt von beruflichen Tätigkeiten und Benennungen ist letztlich das Ergebnis einer fortschreitenden Arbeitsteilung. Das Zerlegen von Arbeiten in einzelne, gesonderte Arbeitsschritte, die meist ohne direkte Zusammenarbeit mit anderen Menschen verrichtet werden (Arbeitsteilung), ist besonders typisch für industrielle Herstellungsverfahren. Aber auch Handwerk, Handel und Behörden gehen immer stärker zu arbeitsteiligen, technisierten oder elektronisierten Arbeitsformen über. Diese Arbeitsweise bringt dem Betrieb mehr Arbeitsergiebigkeit, weil sich der einzelne Berufstätige spezialisieren und seine Fähigkeiten schneller trainieren kann (= mehr Produktion = höhere Umsätze = höhere Gewinne).

> Die Arbeitsteilung ist das Ergebnis wirtschaftlicher Tätigkeit. Zur Steigerung der Arbeitsergebnisse wird die menschliche Arbeit von neuen Verfahren und Maschinen (technologische Entwicklung) ersetzt und verändert.

Was Berufe sind

Je geringer der Einsatz von Technik war, um so umfassender und überschaubarer war die menschliche Arbeit. Sie war naturbezogener, weil Arbeitstempo und Arbeitsbelastung mit der körperlichen Leistungsfähigkeit von Mensch und Tier verknüpft waren. Die alten Bezeichnungen für Berufe haben deshalb auch eine große Zahl von Tätigkeiten eingeschlossen. Für viele dieser alten Bezeichnungen gibt es heute mehrere Berufe mit eigenen Ausbildungsgängen und Fertigungsstätten (Betriebe, Behörden). Von »Beruf« wird ohnehin erst seit knapp 100 Jahren gesprochen. Erst seit Industrie und Technik unsere Lebensbedingungen spürbar prägen und neue Ausbildungs- und Arbeitsmethoden erzwangen, haben sich die Menschen auch im Arbeitsleben – beruflich – stärker voneinander abgegrenzt.

Beispiel Schmied: Aus diesem alten Beruf wurden bis heute viele spezialisierte Tätigkeiten, wie Mechaniker, Werkzeugmacher, Fräser, Bohrer, Dreher oder Schweißer. Viele Berufe bzw. berufliche Tätigkeiten sind entstanden, weil neue Materialien und Metalle, Techniken und Werkzeuge geschaffen wurden (z. B. Elektroberufe und Berufe in der chemischen und kunststoffverarbeitenden Industrie).

In Berufen wurden also Tätigkeiten zusammengefaßt, die nach der Art der Materialien, der Werkzeuge und der notwendigen Kenntnisse und Fertigkeiten zusammengehören.

> Berufe sind das Ergebnis der Arbeitsteilung. Sie benennen ein Bündel fachlich-beruflicher Tätigkeiten, die verrichtet werden, um Einkommen zu erzielen.

Die Arbeitsteilung hat zwar überall im menschlichen Leben Fuß gefaßt und auch neue Formen der Zusammenarbeit zwischen Vorgesetzten und Mitarbeitern erzwungen.

Die Arbeitsteilung folgt aber nicht nur technologischen Zwängen. Nach wie vor setzen sich bei der Aufteilung und Zuordnung (Organisation) von Arbeit und Ausbildung gesellschaftliche Wertvorstellungen durch. Etwa nach dem Motto: Wer anschafft, hat auch die angenehmere Tätigkeit; *oder:* Wer viel arbeiten muß, hat weniger Zeit zum Denken.

Gerade die körperliche Arbeit war noch nie besonders angesehen. Wer »oben« ist, wählt für sich die »interessanten«, die »wichtigen« Tätigkeiten, also die angenehmen Arbeiten aus. Er reserviert sich Aufgaben, mit denen er anderen überlegen ist:

etwa, weil er schneller und besser informiert ist, weil er schneller und treffsicherer entscheiden und weil er sich schriftlich und mündlich (= sprachlich) besser ausdrücken kann.

Auch viele »akademische« Berufe haben sich aus Aufgaben und Tätigkeiten entwickelt, die sich früher Adel und Geistlichkeit zur Lenkung und Gestaltung des Staates und der Gesellschaft vorbehalten hatten: z. B. Jurist = Richter, Staatsanwalt, Rechtsanwalt oder Offiziere = General, Oberst, Admiral, sowie Wirtschafts- und Finanzwissenschaftler = Volkswirt, Diplomkaufmann und nicht zuletzt die Geisteswissenschaften = Theologen, Philosophen, Soziologen, Psychologen und Lehrer.

Andere Berufe wieder wurden aus handwerklichen Berufen oder Büroberufen sowie aus sozialen Arbeiten weiterentwickelt und mit theoretischen Inhalten angereichert (z. B. Zahnarzt, Beamte, Sozialarbeiter).

Die Berufe spiegeln die soziale Gliederung (Gesellschaftsstruktur) eines Volkes wider. Daraus folgt: die Bedeutung eines Menschen in unserer Gesellschaft wird ganz entscheidend von seinem beruflichen Status, von dem Ansehen seines Berufes mitbestimmt.

Manche Berufe haben so hohes gesellschaftliches Ansehen, daß sie sich gewissermaßen gegenüber dem Berufstätigen verselbständigen und seine Persönlichkeit überdecken (z. B. der Herr Professor, der Herr Direktor usw.). Berufe können zu Markenbezeichnungen und Berechtigungsausweisen werden!

Deshalb gilt:

> Berufe sind mehr als ein Bündel von fachlichen Tätigkeiten. Berufe vermitteln mit der Arbeit und mit dem Einkommen auch die soziale Stellung in der Gesellschaft (Ansehen)!

Wie sich Berufe unterscheiden

Da sich viele berufliche Tätigkeiten aus den »Urberufen« entwickelt haben, sind sie in vielerlei Weise miteinander fachlich verwandt. Aus diesem Grunde spricht man oft von Elektroberufen, Metallberufen, Holzberufen, Textilberufen, Verwaltungs- und Büroberufen, Kaufmanns-Berufen, Pflegeberufen, Lehrberufen, Sozialberufen, Landwirtschaftsberufen, Bauberufen, Chemieberufen usw.

Eine sinnvolle Ordnung der Berufe muß erkennen lassen, welche Tätigkeiten in den einzelnen Berufen besonderes Gewicht haben, welche Anforderungen sie stellen und ob diese mit verschiedenen Ausbildungen oder nur nach spezieller Vorbereitung ausgeübt werden können.

Berufe können geordnet bzw. unterschieden und bewertet werden

- nach der Art der Tätigkeit (wie: z. B. körperliche oder geistige Arbeit, Akkord- und Fließbandarbeit, Einzelarbeitsplatz, Gruppenarbeit, Außenarbeit);
- nach der Arbeitsstätte (wo: z. B. im Handwerksbetrieb / Industriebetrieb / Büro / Baustelle / Behörde / Handel / Geschäft / Schule / Krankenhaus usw.)
- nach dem Spezialisierungsgrad der typischen Tätigkeit (vielseitig, monoton)
- nach der Art der Entlohnung (z. B. Zeitlohn/Schicht- und Akkordlohn)
- nach der Höhe des Einkommens und nach dem Ansehen in der Gesellschaft (sozialer Status);
- nach der Dauer der Ausbildung (z. B. Lehre im Betrieb oder Studium an einer Hochschule);
- nach dem Einsatz von Technik (z. B. Arbeit an und mit Elektronik, Maschinen);

- nach dem Umgang mit Menschen (z. B. als Lehrer, Krankenschwester, Sozialarbeiter)
- nach der beruflichen Verwertbarkeit der Fachkenntnisse in anderen Tätigkeiten (z. B. starke Bindungen an Arbeitsplatz und Betrieb / starke Spezialisierung, vielseitige Einsatzmöglichkeiten in verschiedenen Berufen);
- nach der Sicherheit der Beschäftigung (Arbeitslosigkeit und Arbeitsunfall, rechtlicher Status als Arbeiter, Angestellter oder Beamter);
- nach der persönlichen Gestaltungsfreiheit am Arbeitsplatz (Verantwortungsfähigkeit und berufliche Selbständigkeit).

> Berufe sind gebündelte Tätigkeiten, die nach ihren fachlichen Inhalten und Anforderungen zusammengehören. Berufe unterscheiden sich insbesondere durch die geforderte Ausbildung, das soziale Ansehen, die Entlohnung, den Umgang mit Menschen oder mit Werkzeugen, nach der Sicherheit der Beschäftigung und der Selbständigkeit am Arbeitsplatz.

Die unterschiedliche gesellschaftliche Bewertung der Berufe ist als erstes zu erkennen an den sogenannten *Zugangsvoraussetzungen:* Es gibt Berufe, die ohne besondere schulische Voraussetzungen am Arbeitsplatz angelernt werden, dann gibt es welche, die in einem Betrieb bzw. in einem Büro erlernt werden (anerkannte Ausbildungsberufe) und solche, die nur mit bestimmten Schulabschlüssen in besonderen schulischen Einrichtungen (wie Berufsfachschulen, Fachschulen, Fachhochschulen und Hochschulen) erworben werden können.

Als Faustregel gilt: Je höher die Anforderungen im Beruf an die berufliche Ausbildung und Schulausbildung gestellt werden, um so größer ist das Ansehen und die Bezahlung im Beruf.

Ausnahmen gibt es bei Selbständigen. Ihnen fließt der gesamte Ertrag ihrer Arbeit direkt zu.

Einkommens- und Verdienstchancen

In jedem Beruf gibt es Spitzenverdiener. Meist sind diese aber die Ausnahme; im allgemeinen werden die durchschnittlichen Verdienste erzielt.

In einigen handwerklichen Berufen – vornehmlich in Bau- und Montageberufen – sind die Spitzenlöhne nur mit viel Überstunden,

mit Erschwerniszulagen für besonders anstrengende Arbeiten und mit Auslöse bei auswärtiger Arbeit zu erreichen.
Diese überdurchschnittlich hohen Löhne müssen auf einen Jahresdurchschnitt zurückgerechnet werden, der z. B. auch Arbeitslosigkeit im Winter, Ausfälle durch Krankheit oder Auftragsmangel berücksichtigt (Beispiel Maurer, Maler, Elektriker).
In industriellen Berufen wird häufig dann »gutes Geld« verdient, wenn hohe Akkord-Leistungen erbracht werden. Aber wie lange kann jemand im Akkord und in der Schicht arbeiten?
Nach den statistischen Aufzeichnungen über Löhne und Gehälter kann folgendes gesagt werden:

- Der durchschnittliche Stundenlohn eines Industriearbeiters lag 1980 einschließlich aller Zulagen und Zuschläge brutto bei
  14,35 DM
  das sind monatlich brutto rund *2700,— DM*

- Die Verdienstchancen sind von Branche zu Branche unterschiedlich gut.

- Die unterschiedlich hohen Stunden- oder Monatslöhne bei Ungelernten, angelernten Arbeitnehmern oder Fachkräften können bei Akkordlöhnen verwischt werden. Akkordlöhne sind in erster Linie Leistungslöhne und nicht so sehr Löhne, die bestimmte fachliche Kenntnisse und Fertigkeiten bewerten.

- Angestellte in Industrie und Handel verdienen bei fachlich vergleichbarer Tätigkeit häufig mehr als Facharbeiter – Unterschiede können sich aus dem Entlohnungssystem ergeben.
  Technische Angestellte können häufig mehr verdienen als kaufmännische und Verwaltungsangestellte.

- Die Beamten-Besoldung gibt die Lohn- und Gehaltsunterschiede je nach schulischer und beruflicher Vorbildung am deutlichsten wieder. Sie kann als Orientierungshilfe auch auf die privaten Wirtschafts- und Verwaltungsbetriebe übertragen
- werden. (Beispiel eines Beamten mit zwei Kindern – Stand 1980):

	Anfangsgehalt	Endgehalt
● ein Beamter des mittleren Dienstes erhält		
als Assistent	2045,– DM	2414,– DM
Obersekretär	2201,– DM	2718,– DM
(= Facharbeiter)		

- ein Beamter des gehobenen Dienstes
  erhält
  als Inspektor   2449,– DM   3179,– DM
       Amtmann   2850,– DM   3889,– DM
  (= Fachhochschulausbildung)

- ein Beamter des höheren
  Dienstes erhält
  als Regierungsrat   3350,– DM   4700,– DM
       Regierungsdirektor   3718,– DM   5780,– DM
  (= Hochschulausbildung)

Untersuchungen bestätigen, daß Hochschulabsolventen als Arbeitnehmer das 2½fache, Fachhochschulabsolventen gut das 2fache und sonstige Ausgebildete das 1½fache des Einkommens eines Ungelernten erzielen (Quelle: Mitteilung aus der Arbeitsmarkt- und Berufsforschung der Bundesanstalt für Arbeit Nr. 2/1980). Daraus ergibt sich die Schlußfolgerung: Studium und Ausbildung lohnen sich also auch finanziell!

Jede bewußte Auseinandersetzung mit meinen Ansprüchen und dem, was im Beruf möglich ist, hilft mehr, als ständig unzufrieden zu sein in dem Glauben, daß ich etwas Besseres versäumt habe.
Unzufriedenheit ist immer ein Grund, über die Berufswahl nachzudenken!

Wie ich Berufe kennenlernen kann

Aus den Berufs- oder Tätigkeitsbezeichnungen allein wird niemand schlau! Selbst Fachleute tun sich schwer, zu beschreiben, welche Tätigkeiten in bestimmten Berufen anfallen und welche Anforderungen gestellt werden.

> Will ich sichergehen, daß ein Beruf richtig und verständlich beschrieben wird, muß ich folgende Fragen stellen:
> a) Um was geht es bei diesem Beruf, was muß ich da tun?
>   – der Gegenstand und die Aufgabe des Berufes –
> b) Mit welchem Werkzeug und mit welchem Material muß ich umgehen?
>   – verwendete Geräte / Werkzeuge / Instrumente / Materialien (z. B. Holz, Metall, Stoff etc.) –
> c) In welcher Art von Betrieb muß ich üblicherweise die Tätigkeit ausüben?
>   – Industrie – Handwerksbetrieb, Büro, Behörde, Praxis (Arbeitsmilieu), Klein- oder Großbetrieb –
> d) Wo arbeite ich in diesem Betrieb?
>   – Abteilung/Verwaltung oder Produktion/Organisationseinheit –
> e) Muß ich für diese Tätigkeit eine bestimmte Ausbildung nachweisen können?
>   – berufliche Qualifikation/Konkurrenz am Arbeitsplatz –
> f) Was kann ich werden?
>   – beruflicher Status (Arbeiter, Angestellter, Beamter, Selbständiger) Aufstiegsmöglichkeiten –

Eine wichtige Hilfe können die »Blätter zur Berufskunde« sein, die über das Arbeitsamt oder direkt beim W. Bertelsmann-Verlag, Bielefeld, zu beziehen sind. Sie enthalten ausführliche Beschreibungen einzelner Berufe. Mit diesen Informationen kann ich auch Antworten finden auf die auftauchenden Schlüsselfragen: Wird mich dieser Beruf interessieren? Was wird von mir verlangt?

Wie ich einen Arbeitsplatz beurteilen kann

Einen etwas anderen Einstieg in die zentrale Frage nach künftigen Leistungsanforderungen und persönlichen Entwicklungsmöglichkeiten im Beruf ermöglicht ein Überblick über die wichtigsten Merkmale des Arbeitsplatzes, der für den gewählten Beruf typisch ist. Hier kann ich auch an konkrete Erfahrungen von Bekannten anknüpfen; ich kann sie befragen und Antworten auflisten. Seinen Arbeitsplatz kennt jeder – auch wenn er sich von seinem erlernten Beruf wegentwickelt oder sich spezialisiert hat. Für die Beurteilung eines Arbeitsplatzes benötige ich Informationen über

- **die Zugangsvoraussetzungen**
  - Welche Vorbildung wird für die Tätigkeit verlangt? Ist eine bestimmte Schul- und Berufsausbildung / Studium / Prüfungsabschluß / Diplom etc. notwendig? Wie lange dauert die Ausbildung? Werden gesundheitliche Voraussetzungen verlangt? Wer stellt diese fest (ärztliches Zeugnis, Untersuchung beim Amtsarzt)? Gibt es Altersgrenzen für diese Tätigkeiten – etwa bei Übernahme in das Beamtenverhältnis?
- **die Arbeitsbedingungen**
  - *Höhe und Art der Entlohnung* (z. B. Stundenlohn, Monatslohn, Prämienlohn, Akkordlohn = Leistungslohn, tarifvertragliche Absicherung des Lohnes, Sonderleistungen = Zulagen)
  - *Arbeitszeit* (z. B. regelmäßige Arbeitszeit, Schichtarbeit, Urlaubsdauer, Arbeit am Wochenende, Bereitschaftsdienst, auswärtige Tätigkeit)
  - *das verwendete Material, die Werkzeuge* oder *Umgang mit Menschen* (z. B. Holz, Metall, Textilien, Chemie, Büro, Umgang mit Publikum, persönliche Dienstleistungen, pflegen, helfen, erziehen, beraten, Lärm, Geruch, Hitze, Maschinentakt, Instrumente, Karteien, elektronische Geräte – Sichtschirme)

- *der Arbeitsort* (z. B. im Freien, auf Baustellen, Labor, Industrie-/Handwerksbetrieb, in Hallen oder Werkstätten, in Büros, in Verkaufsräumen, an Kassen/am Schalter)

- *Art der Tätigkeit* (industrielle Produktionsweise – etwa am Fließband; handwerkliche Arbeitsformen am Einzelstück oder in Gruppen (Team), Einzelarbeitsplatz am Schreibtisch oder Großraumbüro, einfache und monotone oder fachlich vielseitige Arbeit, Reparaturtätigkeiten / Wartung oder Konstruktion / Herstellung / Fertigung, Arbeit am Schreibtisch, im Labor, wissenschaftlich oder praktisch arbeiten, mit Kindern oder Erwachsenen, organisieren, verwalten, prüfen, unterrichten etc.

- *körperliche oder geistige Belastungen* (z. B. hohe Anforderungen an das körperliche Leistungsvermögen – Kraft – Hitze / Kälte / Lärm/Geruch, an die Ausdauer, an das Fachwissen, an die Fähigkeit zu lesen und Informationen zu verarbeiten, nervliche Belastungen etwa im Umgang mit Menschen (Geduld), Konzentration, oder als Folge monotoner, lauter Arbeit am Fließband, Schichtarbeit).

- *selbständige und verantwortungsvolle oder weisungsgebundene und spezialisierte Tätigkeit* (z. B. Arbeit nach Vorgaben / keine Möglichkeit eigener Arbeitsgestaltung – oder Spielraum für eigene Entscheidungen, Ideen, Arbeitsrhythmus; Ansehen der Tätigkeit in der Gesellschaft – Sozialprestige. Einblick in Sinn und Zweck der Arbeit oder Ausführung von Tätigkeit ohne Kenntnis des Zusammenhangs.)

- *Aufstiegsmöglichkeiten* (z. B. bleibe ich auf der gleichen Stufe der beruflichen Tätigkeit stehen oder kann ich beruflich aufsteigen; kann ich mit den erlernten Fachkenntnissen auch andere Tätigkeiten ausüben? Was kann ich im Laufe meines Berufslebens verdienen; wie und wo kann ich mich fachlich fortbilden? Gibt es festgelegte Berufslaufbahnen [z. B. bei Beamten, im Handwerk] und wie sind die Bedingungen?)

- *Beschäftigungsrisiko* (z. B. wird man in dieser Arbeit oft arbeitslos, gibt es viele Berufsunfälle oder Berufskrankheiten? Gibt es ganz berufstypische körperliche und geistige Belastungen? Wie wird sich die absehbare technologische Entwicklung auf die Arbeitsbedingungen auswirken, wie sind die Altersversorgung und die arbeitsrechtliche/tarifrechtliche Absicherung etwa bei Kündigung geregelt?)

Ich erstelle mir selbst einen Fragebogen und liste auf, welche Fragen ich etwa meinem Lehrer, meinen Eltern, Verwandten und Bekannten, einem Mitarbeiter in einem Industriebetrieb, einer Krankenschwester usw. stellen will. Auf diese Weise zwinge ich mich, mir genau zu überlegen, was ich wissen will.

Beispiel:

Frau Lieb, Sie sind Krankenschwester im Städt. Krankenhaus.
Ich möchte Sie über Ihre Arbeitsbedingungen befragen, damit ich mir ein Bild davon machen kann, wie der Arbeitsplatz einer Krankenschwester aussieht.
Darf ich Sie um Antwort auf folgende Fragen bitten:

Zur Berufsausbildung:
1. Mußten Sie als Krankenschwester eine bestimmte Ausbildung ableisten? Ja/Nein
2. Wie heißt dieser Ausbildungsgang?
   ....
3. Wird dafür eine bestimmte Schulausbildung verlangt und wenn ja, welche (z. B. Hauptschulabschluß, Realschulabschluß, Abitur)? ....
4. Wie lange dauert diese Ausbildung? ....
5. Werden **besondere** gesundheitliche Anforderungen für die Aufnahme in diese Ausbildung verlangt? ....
   ....
6. Sonstiges ....
   ....

Zu den Arbeitsbedingungen:
7. Sie haben in erster Linie mit Menschen zu tun? Ja/Nein
   Spielen bei Ihrer Arbeit auch Maschinen eine Rolle? Ja/Nein
   Wie kann die Funktion der Maschinen beschrieben werden?
   ....
   Müssen Sie diese Maschinen warten, bedienen können? ......
8. Wie würden Sie Ihre Arbeit nach folgenden Merkmalen beurteilen (bitte auswählen und ankreuzen):
   Meine Arbeit ist:
   – selbständig ☐
   – verantwortungsvoll ☐
   – abwechslungsreich ☐
   – monoton ☐
   – bei den Menschen sehr geschätzt ☐
   – sehr stark weisungsgebunden ☐

- körperlich sehr anstrengend ☐
  Begründung – z. B.: ....
  ....
- geistig sehr anstrengend ☐

Begründung – z. B.: ....
....

- sehr risikoreich im Hinblick auf
  * Berufskrankheiten ☐
  * Arbeitsunfälle ☐
  * Arbeitslosigkeit ☐
  * Einkommensausfälle aus anderen Gründen ☐
- sehr anstrengend, weil ich
  * Schicht arbeiten ☐
  * im Akkord arbeiten ☐
  * unregelmäßig arbeiten ☐
  * an Wochenenden arbeiten ☐
  * nachts arbeiten ☐
  muß.
- sehr gut/gut/mittelmäßig/schlecht bezahlt (Betreffendes unterstreichen)
  Ich verdiene der Höhe nach regelmäßig/unregelmäßiges Einkommen (Betreffendes unterstreichen).
  Mein Einkommen beträgt monatlich .... DM.

9. Meine Arbeitszeit beträgt wöchentlich .... Stunden.
10. Meinen Arbeitsplatz kann man eigentlich
    nur als junger Mensch, gesunder Mensch, auch bis ins Alter ausfüllen (bitte angeben bzw. unterstreichen).
11. Ich habe folgende Aufstiegsmöglichkeiten ....
    ....
    ....
    Dafür muß ich nochmals lernen, Prüfungen machen, lange die gleiche Tätigkeit ausüben (Zutreffendes unterstreichen).
    Ich kann mich beim Aufstieg finanziell um ca. .... DM monatlich verbessern.
12. Sonstiges ....
    ....
13. Können Sie Ihren Beruf weiterempfehlen?
    Voll, nur mit Einschränkungen, gar nicht, weiß nicht (Zutreffendes unterstreichen).

Frau Lieb, ich danke Ihnen für dieses Interview!

Die Ordnung der Berufe nach fachlichen Tätigkeiten, Ausbildungsbereichen und Zugangsvoraussetzungen

Fachliche Tätigkeiten

In den *amtlichen Verzeichnissen* (z. B. Arbeitsamt) über Berufsbereiche/Berufsordnungen oder Einzelberufe werden die Berufe nach der Art der Tätigkeit (Arbeitsaufgabe) geordnet. Auf diese Weise stehen die fachlichen Anforderungen an das berufliche Leistungsvermögen am Arbeitsplatz im Mittelpunkt.
Dies hilft bei der Auswahl eines Berufes, weil die Anforderungen an das persönliche Leistungsvermögen auch stark davon abhängen, mit welchem Arbeitsgerät und mit welchem Material gearbeitet werden muß.
Nach der Art der Tätigkeit werden die Berufe unterschieden in:

- Berufsbereich (I) mit Tätigkeiten, in denen überwiegend Nahrungsprodukte und Mineralien gewonnen und verarbeitet werden: z. B. Landwirte, Tierzüchter, Gärtner, Floristen, Waldarbeiter, Förster, Jäger, Bergleute
- Berufsbereich (II) mit Tätigkeiten, in denen überwiegend Grundstoffe gewonnen und Güter hergestellt werden: z. B. Steinbearbeiter, Keramiker, Glasmacher, Metallerzeuger, Chemiearbeiter, Sägewerker, Schnitzer, Former, Formgießer, Metallverformer, Galvaniseure, Schweißer
- Berufsbereich (III) mit Tätigkeiten, in denen überwiegend Gebrauchsgüter hergestellt und bearbeitet werden: z. B. Bäcker und Konditoren, Fleischer, Köche, Weber, Textilverflechter, Schneider, Hutmacher, Textilnäher, Lederwarenhersteller, Schuhmacher, Kürschner, Buchbinder, Schriftsetzer, Druckstoffhersteller, Kunststoffverarbeiter, Papierhersteller, Spüler, Spinner, Gerber, Brauer
- Berufsbereich (IV) mit Tätigkeiten, in denen überwiegend montiert und gewartet wird oder Waren abschließend bearbeitet werden: z. B. Schmiede, Installateure, Feinblechner,

Schlosser, Mechaniker, Werkzeugmacher, Zahntechniker, Augenoptiker, Elektro-Maschinenbauer/-Mechaniker/-Gerätemontierer, Maurer, Betonbauer, Zimmerer, Dachdecker, Gerüstbauer, Straßenbauer, Stukkateure, Fliesenleger, Glaser, Polsterer, Tischler, Maler, Lackierer
- Berufsbereich (V) mit Tätigkeiten, in denen überwiegend *Dienste an und für Menschen geleistet* werden: z. B. Polizei, Bundeswehr, Anwälte, Richter, Strafvollzug, Bibliothekare, Publizisten, Künstler, Dekorateure, Innenarchitekten, Fotografen, Ärzte, Apotheker, Krankenschwestern und Krankenpfleger, Arzthelferinnen, medizinisch-technische Assistenten, Masseure, Erzieher, Sozialberufe, Lehrer, Priester, Friseure
oder *Dienste an Sachen geleistet* werden, wie etwa Maschinen bedienen: z. B. Gastwirte, Hoteliers, Kellner, Hauswirtschaftsberufe, Textilreiniger, Wäschner, Reinigungsberufe (Gebäude, Räume), Fahrzeug- oder Maschinenführer, Wachdienste, Schiffer, Postverteiler
- Berufsbereich (VI) mit Tätigkeiten, in denen überwiegend verteilt, verwaltet oder geplant wird: z. B. Verkäufer, Kaufleute, Vertreter, Bank- und Versicherungsfachleute, Makler, Steuerberater, Datenverarbeitungsfachleute, Bürofach- oder Hilfskräfte, Techniker und Ingenieure, Mathematiker, Physiker, Chemiker, Laboranten, Technische Zeichner
- Berufsbereich (VII) mit Tätigkeiten, in denen Arbeiten verrichtet werden, die in allen Berufsbereichen in gleicher Weise vertreten sind: z. B. Warenprüfer, Versandfertigmacher, Lager-, Transportarbeiter, Hilfsarbeiter aller Art, Maschinenführer und -wärter

Es ist interessant zu wissen, daß rund 40%, also knapp die Hälfte aller berufstätigen *Männer*, mit der Herstellung von Gütern beschäftigt sind, d.h. einen Beruf der Berufsbereiche II/III und IV ausüben. Weitere 13% leisten Transportarbeiten, verpacken, führen Maschinen und versenden (Berufsbereich VII). 10% reparieren und reinigen. 8% sind im Verkauf und im Finanzwesen tätig. Nur 6% üben Tätigkeiten aus, in denen angeleitet, geführt, koordiniert und geplant wird. Weitere 6% haben mit Buchhaltung, Kasse und Registraturen zu tun. 5% sind in Berufen beschäftigt, in denen Recht gesprochen und bewacht wird. Den Lehr-, Erziehungs-, Pflege- und Betreuungsberufen gehören 5% an.

Bei den *Frauen* sind die Tätigkeiten noch stärker auf einfache industrielle Berufe in den Berufsbereichen III und IV, auf Reinigungs- und Pflegeberufe im Berufsbereich V sowie auf Verkaufs- und Bürohilfsberufe im Berufsbereich VI konzentriert (Quelle: Quint-

essenzen aus der Arbeitsmarkt- und Berufsforschung der Bundesanstalt für Arbeit Nr. 5/1976.
Es ist aufschlußreich, diesen Tätigkeiten die Berufe gegenüberzustellen, die am stärksten besetzt sind (Mechaniker, Schlosser, Maler, Maurer, Installateure, Kaufleute, Verkäufer, Friseure, Helfer) – siehe hierzu auch Stichwörter. Ebenso sollte verglichen werden mit den Wünschen der Eltern und Schüler einerseits (siehe hierzu Stichwort ,,Berufseignung") und den typischen Arbeiten in den am häufigsten besetzten Tätigkeiten andererseits.
Daraus folgt:

> Ein Vergleich von Tätigkeiten und Ausbildungsberufen zeigt, daß sich das Angebot an Ausbildungsplätzen weit stärker nach dem Bedarf der Betriebe als nach den Wünschen der Schulabgänger richtet!

Die wichtigsten Ausbildungsbereiche

Die meisten Schulabgänger – insbesondere aus Hauptschulen – erhalten ihre Ausbildung in einem Handwerksbetrieb. Es folgen die Industrie und der Handel. Mit großem Abstand sind die freien Berufe, wie Ärzte, Rechtsanwälte, Notare, Steuerberater, die öffentlichen Verwaltungen, die Banken und die Versicherungen zu nennen. Von der Zahl der Betriebe dieser oder jener Art hängt es aber auch ab, welche Auswahlmöglichkeiten ich an meinem Wohnort habe. Insbesondere die Eltern versuchen, ihre Kinder auf die Berufe hinzuführen, die sie am Ort erlernen können. Oft ergeben sich daraus große Probleme für den Jugendlichen, der gerne einen anderen Berufswunsch verwirklichen würde. Gerade in solchen Fällen ist es wichtig, im Gespräch mit dem Berufsberater zu erarbeiten, auf welche beruflichen Tätigkeiten die hier mögliche Ausbildung hinführt oder ob es auch finanziell möglich und sinnvoll wäre, lieber an einem anderen Ort die angestrebte Ausbildung abzuleisten.
Welche Berufe sind nun aber typisch für die Industrie, das Handwerk, den Handel und Verwaltungen (wie Behörden, Banken, Versicherungen)?
Typische Ausbildungsberufe in der Industrie sind beispielsweise: Maschinenschlosser, Werkzeugmacher, Betriebsschlosser, Mechaniker, Schleifer (z. B. Edelsteinschleifer), Beton- und Terrazzohersteller, Keramformer in der Keramikindustrie, Glasmacher,

Glasgraveur, Feinoptiker, Chemiefacharbeiter, Former, Schriftsetzer und Drucker in der Druck-Industrie, Dreher, Universalfräser, Teilezurichter, Elektroanlageninstallateur, Elektroniker für Energieanlagen / Energiegeräte / Fernmeldeanlagen / Funk / Nachrichtengeräte, Brauer und Mälzer, Bekleidungsnäher und -schneider, Chemielaborant, Bauzeichner. Aber auch kaufmännische Berufe wie Industriekaufmann (-frau) und Bürokaufmann (-frau), Bürogehilfe(in), Datenverarbeitung.

Typische Ausbildungsberufe im Handwerk: Friseure, Schlosser, Maschinenbauer, Kfz-Mechaniker, Elektromechaniker, Elektroinstallateur, Kraftfahrzeugelektriker, Elektromaschinenbauer, Installateure, Schmied, Karosseriebauer, Zahntechniker, Augenoptiker, Fernsehtechniker, Schneider, Bäcker und Konditor, Fleischer (Metzger), Maurer, Zimmerer, Dachdecker, Stukkateur, Glaser, Straßenbauer, Fliesen- und Plattenleger, Goldschmied, Uhrmacher, Raumausstatter, Tischler, Maler und Lackierer, Fotograf, Fotolaborant, Gebäudereiniger, Steinbildhauer, Buchbinder, Gießer.

Typische Ausbildungsberufe im Handel sind: Floristin, Kaufmann (Kauffrau) für Groß- und Außenhandel / Einzelhandel, Verkäufer(in), Buchhändler(in), Drogist(in), Bankkaufmann (-kauffrau), Speditionskaufmann (-kauffrau), Reiseverkehrskaufmann (-kauffrau), Bürogehilfe (-gehilfin), Bürokaufmann (-kauffrau), Industriekaufmann, Kaufmannsgehilfe(in) im Hotel- und Gaststättengewerbe, Datenverarbeitung.

Typische Ausbildungsberufe in Verwaltungen sind: Versicherungskaufmann (Bankkaufmann), Bürogehilfe(in), Angestellte(r) in der Bundesanstalt für Arbeit (Arbeitsamt), Justizangestellter, Sozialversicherungsfachangestellter (Landesversicherungsanstalt, Krankenkassen), Verwaltungsangestellter bei Gemeinden oder staatlichen Dienststellen, Postjungbote, Beamter des mittleren oder gehobenen nichttechnischen oder technischen Dienstes bei der Bundesbahn / Bundespost / Flugsicherung / Polizei / Strafvollzugsdienst / Wetterdienst / Steuerverwaltung / Gewerbeaufsicht / Sozialversicherung / Justizdienst / Gemeindeverwaltung / Flugsicherung / Seeschiffahrt / Luftfahrt / Forstdienst / Bundesanstalt für Arbeit; Altenpfleger(in), Dorfhelferin, Städtische Wirtschafterin, Kinderpflegerin, Familienpflegerin, Heilerziehungspfleger, technische Assistenzberufe (z. B. medizinisch-technische Assistentin) und Sozialberufe.

Eine zunehmende Bedeutung haben die sogenannten *Assistenz- oder Helferberufe*. Sie sind hauptsächlich im öffentlichen Dienst, in Forschungseinrichtungen, bei Ärzten, Rechtsanwälten und in der Industrie anzutreffen:

Fachgehilfe(in) in steuer- und wirtschaftsberatenden Berufen, Rechtsanwaltsgehilfe(in), Notargehilfe(in), Büroassistentin, Assistent in Bibliotheken, Arzthelfer(in), Zahnarzthelfer(in), Tierarzthelfer(in), Schwimmeistergehilfe(in), Bürogehilfin, Gaststättengehilfin.

Technische Assistenten: Mathematisch-technischer Assistent, Technischer Assistent (chemisch-, biologisch-, pharmazeutisch-, metallographisch-, medizinisch-, zytologisch-, landwirtschaftlich-), textiltechnische Assistentin, medizinischer Dokumentationsassistent, Elektroassistent, Ingenieur-Assistent, Tontechniker, Bildtechniker, Kamera-Assistent, Filmtricktechniker, Diätassistentin, sozialmedizinischer Assistent.

> Meine Entscheidung, ob ich die Ausbildung in einem Industrie- oder Handwerksberuf, im Handel, in Verwaltungen, in Banken, in Versicherungen oder in freien Berufen ableisten will, kann davon abhängen, welche Betriebe an meinem Wohnort sind, wo ich später arbeiten kann und welchen Beruf ich erlernen will.

Eine besonders übersichtliche Information über alle Ausbildungs- und Studienberufe und eine genaue Beschreibung der Berufe finde ich bei der Berufsberatung im Arbeitsamt oder in der Schule in folgenden Broschüren:

- »mach's richtig« für Hauptschulabgänger
  für Realschulabgänger
- »Beruf aktuell« für alle Schulabgänger
- »Studium- und Berufswahl«
  für Abiturienten und Fachoberschüler (gibt es auch an den Schulen)
- »Blätter zur Berufskunde«
  für alle Schulabgänger

Zugangsvoraussetzungen

Der am häufigsten benützte Weg zur Orientierung über Ausbildungsgänge und Berufe geht über die sogenannten Zugangsvoraussetzungen. Unter Zugangsvoraussetzungen werden hier die Anforderungen der einzelnen Ausbildungsgänge an den Schulabschluß verstanden.

Danach können die Berufe geordnet werden in
- Berufe, die von *allen Schulabgängern* erlernt werden können (Hauptschule, Realschule, Gymnasium, Gesamtschule etc.):
- Hierunter fallen alle »anerkannten Ausbildungsberufe« und einige medizinische Hilfsberufe (z. B. Krankenpflegehelfer, Masseur). Ebenso fallen darunter die Beamtenberufe bis einschließlich der mittleren Laufbahn (Assistent, Sekretär).
- Berufe, die von Schulabgängern erlernt werden können, die mindestens den *mittleren Bildungsabschluß* (insbesondere Realschulabschluß) nachweisen können:
  Dazu zählen die Mehrzahl der Assistenz-Berufe und diejenigen medizinischen und sozialen Hilfsberufe, die über den Besuch einer zwei- oder dreijährigen Berufsfach- oder Fachschule bzw. Fachakademie erlernt werden (z. B. Diätassistentin, Erzieher).
- Berufe, die von Abiturienten oder von Schulabgängern mit fachgebundenem Abitur ergriffen werden können:
  Hier handelt es sich um Berufe, die nur über ein Studium an einer Hochschule, Universität, Akademie oder Fachhochschule erlernt werden können. Daneben gibt es noch eine Reihe von Berufen, die von Großfirmen als Sonderausbildungsgänge für Abiturienten angeboten werden. Inzwischen wird auch für die Verwaltungsberufe der gehobenen Beamtenlaufbahn bei Bundes- und Landesbehörden, Gemeinden, Bundeswehr und Körperschaften des öffentlichen Rechts an Fachhochschulen ausgebildet. Diese Ausbildung setzt zumindest fachgebundenes Abitur voraus.

Zu berücksichtigen ist allerdings, daß die in den Ausbildungsordnungen nach dem Berufsbildungsgesetz geforderte Schulbildung lediglich eine Mindestvoraussetzung ist. Die Ausbildungsbetriebe sind deshalb berechtigt, für die Einstellung als Auszubildender eigene, darüber hinausgehende Anforderungen zu stellen. Ebenso können sie Auswahltests durchführen.

Das hat zur Folge, daß in vielen, sehr beliebten kaufmännischen und technischen Ausbildungsberufen die Hauptschüler von den Realschülern oder gar von Abiturienten verdrängt werden (z. B. Bankkaufmann, Radio- und Fernsehtechniker, Industriekaufmann).

Daraus ergibt sich *wieder* der Schluß:

> Berufe haben unterschiedliche schulische Zugangsvoraussetzungen. Das bedeutet: Will ich die Auswahl unter den Berufen vergrößern, muß ich einen höheren Schulabschluß anstreben!

Techniker, Meister, Fachwirte, staatlich geprüfte Betriebswirte sind keine Berufe, die unmittelbar nach Abschluß einer Schule erlernt werden können. Es sind vielmehr Aufstiegsberufe, die auf berufliche Kenntnisse aufbauen und neben dem Schulabschluß meist auch einen beruflichen Abschluß verlangen.

Orientierungshilfe

Ich habe jetzt erfahren, daß es rund 450 anerkannte Ausbildungsberufe, 182 Hochschul- und 70 Fachhochschulberufe gibt. Für meine eigene Orientierung über den Stand meiner Kenntnisse erstelle ich eine Liste von Berufen, die mir bekannt sind:

Ich kenne folgende Berufe	Dieser Beruf ist ein			
	anerkannter Ausbildungsberuf (betriebliche Ausbildung oder Berufsfachschule) – ankreuzen –	Hochschulberuf – ankreuzen –	Fachhochschulberuf – ankreuzen –	Aufstiegsberuf – ankreuzen –
1 .... 2 .... 3 .... 4 .... 5 .... 6				

Wie beurteile ich nun mein Informationsbedürfnis? Ob ich wohl alle für mich geeigneten Möglichkeiten kenne? Ich prüfe, ob ich schon weiß, wo ich weitere Informationen erhalten kann und welche Fragen ich stellen sollte. Ich weiß vor allem auch, daß sich meine Interessen (und Fähigkeiten) sicherlich auf weit weniger Berufe richten, als für mich insgesamt erlernbar wären. Für welche Gruppen von Berufen interessiere ich mich besonders? Welche Informationen bzw. Fragen muß ich mir noch erarbeiten?

Zusammenfassung

Ich habe gelernt, daß die Berufswahl einen einschneidenden Schritt auf meinem weiteren Lebensweg markiert. Sie hat wichtige Auswirkungen auf die Entwicklung meiner Interessen und meiner körperlichen und geistigen Fähigkeiten.

Ich weiß:

- Das wichtigste Ziel der Berufswahl ist die Zufriedenheit im Beruf!

- Die Berufswahl ist ein Entscheidungsprozeß, dem sich niemand entziehen kann. Wer nicht selbst wählt, der muß das tun, was andere für ihn entscheiden.

- Die Berufswahl ist aber nur zum Teil von der eigenen Entscheidung abhängig. Sie wird ganz wesentlich auch von den Ausbildungs- und Arbeitsbedingungen geprägt, die ich selbst direkt nicht beeinflussen kann.

- Meine Berufswahl hängt ab von
  - meinen Interessen und Fähigkeiten, also von dem, was ich will und was ich kann,
  - sowie von den für mich verfügbaren Ausbildungs- und Arbeitsmöglichkeiten.

- Meine Interessen und Fähigkeiten sind ganz wesentlich das Ergebnis meiner Erziehung, also meiner sozialen Herkunft (Familie) und meiner Schulbildung. Auch Freunde und Bekannte haben Einfluß darauf, welche Interessen und Fähigkeiten ich entwickle und welche sich nicht durchsetzen.

- Die Art und die Zahl der Ausbildungs- und Arbeitsplätze hängt davon ab, wo ich wohne und welche Betriebe, Ausbildungsstätten und Schulen für mich erreichbar sind. Eine auswärtige Ausbildung ist möglich und kann sinnvoll sein, erschwert aber die Berufswahl.

- Weil Berufswahl eine Entscheidung ist, muß ich mir bewußt machen,
  - daß und warum die Berufswahl für mich ein Problem ist
  - wie ich das Problem lösen und wer mir dabei helfen kann und
  - welche Informationen ich dazu benötige.

- Ich habe gelernt, daß meine Interessen und Fähigkeiten sich weiterentwickeln und verändern.
  Deshalb darf ich eine Berufswahl nie als eine endgültige Entscheidung verstehen. Ich muß bereit sein, meine Berufswahl später zu ändern (Fortbildung, Umschulung, zweiter Bildungsweg).

- Bei vielen Berufen und beruflichen Ausbildungswegen kommt es besonders auf die Schulbildung an. Deshalb muß ich prüfen, ob ich eventuell einen Schulabschluß nachholen kann.
  – Auch Umwege führen oft zum Ziel! –

- Ich weiß, daß ich den Beruf erst durch die Arbeit wirklich kennenlerne. Auch deshalb ist es wichtig, daß ich im Zweifel eine Berufsausbildung vorziehe, die mir später möglichst viele berufliche Tätigkeiten erschließen hilft!

- Ich habe die Bedeutung des Berufes für meine weitere persönliche Entwicklung, insbesondere für meine Interessen, meinen Lebensstandard und meine Gesundheit kennengelernt.

- Ich weiß, daß der Zugang zu den Berufen sehr unterschiedlich geregelt ist. Für einige Berufe benötige ich den mittleren Schulabschluß oder das Abitur.
  Die meisten Berufe, in welchen Menschen gepflegt und betreut, erzogen, unterrichtet oder ausgebildet werden (Erziehungs-, Sozial- und Pflegeberufe), können nur an Berufsfach-, Fach-, Fachhoch- oder Hochschulen erlernt werden.

Wo hauptsächlich ausgebildet und gearbeitet wird

Für die Entscheidung, wo und was ich lernen will, ist auch interessant, daß nach Feststellungen des Instituts für Arbeitsmarkt- und Berufsforschung der Bundesanstalt für Arbeit

- von allen Erwerbspersonen, die in einem *Betrieb ausgebildet* worden sind,
  - diese Ausbildung rund 22% in einem Industriebetrieb erhalten haben (hauptsächlich Stahl-, Maschinen- und Fahrzeugbau, Elektrotechnik sowie Textil und Bekleidung),
  - rund ein Drittel (33 bis 35%) in einem Handwerksbetrieb in die Lehre gegangen sind (hauptsächlich Metallhandwerk, Bau- und Ausbauhandwerk, Elektrohandwerk, Friseurhandwerk und Nahrungsmittelhandwerk),
  - rund 18% (etwa ein Fünftel) die Ausbildung in einem Betrieb des Handels abgeleistet haben (hauptsächlich im Einzelhandel);
  - nur etwa 6% in der öffentlichen Verwaltung, einschließlich Bahn und Post, ausgebildet wurden;
  - etwa 5% eine Ausbildung in einer Bank oder Versicherung erhalten haben,
  - etwa 7% als Helfer(in) bei Ärzten und Anwälten geschult wurden.

Von den im Handwerk ausgebildeten Männern (1976 rund 160 000; 1980 rund 180 000) konnten nur etwa ein Drittel (rund 35%) auch nach der Ausbildung in einem Handwerksbetrieb Beschäftigung finden oder dort ihren Beruf ausüben. Zwei Drittel (rund 65%) mußten in andere Wirtschaftsbetriebe abwandern; 38% dieser Ausgebildeten arbeiteten später in der Industrie und rund 27% in Dienstleistungsbetrieben.

Von den in einem Industriebetrieb ausgebildeten Männern konnten immerhin rund 70% später auch in einem Industriebetrieb arbeiten. 23% gehen nach der Ausbildung üblicherweise in Dienstleistungsbetriebe bzw. Behörden/öffentliche Verwaltung und 6% wechseln in einen Handwerksbetrieb.

Von den Männern, die in einem Dienstleistungsbetrieb ausgebildet werden, sind bisher nur 23% in die Industrie und 4% ins Handwerk abgewandert.

Im öffentlichen Dienst (Behörden) ist der größte Anteil an Beschäftigten, die ihre Ausbildung über ein Studium an einer Hochschule oder Fachhochschule abgeleistet haben (hauptsächlich Lehrkräfte, Juristen, Mediziner, Ingenieure, Mathematiker/Physiker, Beamte im Verwaltungsdienst). Die Hälfte aller Hochschul- und Universitätsabgänger ist im öffentlichen Dienst beschäftigt. Ähnlich verhält es sich mit Absolventen der Fachhochschulen.

Es ist auch wichtig zu wissen, daß

- die größere Auswahl an Berufen mit betrieblicher Ausbildung die Handwerksbetriebe zu bieten haben, da hier auch die Tätigkeiten fachlich stärker gestreut sind,

- die Art und Weise und die Qualität der betrieblichen Ausbildung stark davon geprägt wird, welche Arbeiten in dem Ausbildungsbetrieb anfallen (z. B. Spezialisierungsgrad des Betriebes),

- in der betrieblichen Ausbildung – vor allem in Handwerksberufen – die theoretische Unterweisung (Fachtheorie) weniger im Betrieb als vielmehr in der Berufsschule – an einem oder an zwei Tagen je Woche – erfolgt und

- daß die Ausbildung im Handwerk, im Handel und in freien Berufen (z. B. Arztpraxen und Rechtsanwaltsbüros) sehr stark die Mitarbeit am Arbeitsplatz verlangt, was weniger in der Industrie oder in einer Behörde, Bank und Versicherung der Fall ist.

Mit welchen beruflichen Entwicklungen in den nächsten Jahren zu rechnen ist

Eine allgemein gültige, für jeden Beruf oder für jede Branche gleichermaßen zutreffende Aussage über die Zukunft von Berufen ist nicht möglich. Es zeichnen sich jedoch Entwicklungen ab, von denen angenommen werden darf, daß ihre Auswirkungen in den nächsten Jahren für jedermann spürbar werden.
Die Ursachen sind in erster Linie in den Produktionsbedingungen unseres Wirtschaftssystems, insbesondere in seiner fachlich sehr spezialisierten und technisierten Ausrüstung zu sehen.

Daraus lassen sich folgende Thesen ableiten:

- Der Wettbewerb um einen Arbeitsplatz wird sich in den nächsten Jahren noch weiter verschärfen. Die geburtenstarken Jahrgänge der 60er Jahre drängen aus dem Ausbildungs- in das Beschäftigungssystem; die technologische Entwicklung wird weiterhin Arbeitskräfte einsparen; der hohe Kapitalbedarf wird die Umstellungs- und Anpassungsfähigkeit der Produktionsbetriebe erschweren. Gleichzeitig ist zu befürchten, daß die Zahl der Arbeitsplätze auch aus wirtschaftlichen Gründen (Wachstum/Konjunktur) eher gleichbleibt oder gar abnimmt statt wächst. Vorsichtige Schätzungen gehen davon aus, daß wir für die Jahre von 1985 bis 1990 mit einer Dauer-Arbeitslosigkeit von knapp zwei Millionen leben müssen. Die Folge wird u. a. eine noch stärkere Beanspruchung der Leistungsbereitschaft jedes einzelnen sein.

- Berufe im Bereich der Dienstleistungen, insbesondere solche mit höheren fachlichen Anforderungen, werden auch in den kommenden Jahren weiter an Bedeutung gewinnen (Forschung, Entwicklung, Erziehung, Beratung, Information, Sozialdienste, Pflege).

- Die Anforderungen an die berufliche Anpassungsfähigkeit und Umstellungsbereitschaft der Arbeitskräfte, insbesondere die Notwendigkeit beruflicher Weiterbildung, werden weiterwachsen.

- Die Fähigkeit zu theoretischer Arbeit, zur Informationsverarbeitung, zur Teamarbeit, zur Problemfindung sowie zur Entscheidungsfindung werden noch wichtiger werden als bisher.

- Es wird immer wichtiger werden, solche Berufe zu erlernen, die gute Chancen zur beruflichen Weiterbildung (Fortbildung/Umschulung) eröffnen.

- Der Einsatz von elektronischen Geräten (Daten- und Textverarbeitung) wird weiter zunehmen und insbesondere Arbeitsplätze im Büro verändern (z. B. Konstrukteure, technische Zeichner, Sachbearbeiter).

- Der Übergang von der Ausbildung in die Beschäftigung (Arbeitsplatz) wird vor allem für Absolventen sozial- und geisteswissenschaftlicher Studienfächer schwieriger als bisher werden. In Zukunft wird besonders der öffentliche Dienst nicht mehr wie gewohnt bis zu 60% aller Hochschulabgänger beschäftigen können (z. B. Lehrer, Juristen).

- Die Zukunft der naturwissenschaftlichen Berufe wird allgemein günstiger als die der sozial- und geisteswissenschaftlichen Berufe eingeschätzt. Dies gilt insbesondere für die Bereiche Forschung, Entwicklung und Information.

- Mit der wachsenden Zahl von Abgängern aus Hochschulen, Universitäten und Fachhochschulen werden Berufstätige mit nicht so qualifizierter Ausbildung einem härteren Wettbewerb um beruflich attraktive Arbeitsplätze ausgesetzt werden.

- Ist ein Wechsel der beruflichen Tätigkeit oder eines Berufes (insbesondere aus dem Handwerk) erwünscht oder gar notwendig, sollte dieser nur nach einer gründlichen Beratung beim Arbeits- und Förderungsberater des Arbeitsamtes vollzogen werden. *Berufswechsler* (nicht Arbeitsplatz-Wechsler) laufen sonst Gefahr, in ihrem beruflichen Status oder in ihrem beruflichen Stellenwert (Position) zurückzufallen.

- Die technologisch bedingten Veränderungen der Arbeitsplätze werden – ebenso wie die wachsende Zahl an weiblichen Fachkräften – dazu führen, daß Männer und Frauen auch im Berufsleben gleichwertig und gleichberechtigt zusammenwirken müssen (z. B. wechselweise Teilzeitarbeit).

- Es ist zu erwarten, daß die Zahl der freiberuflich tätigen Fachkräfte, insbesondere in den Bereichen Planen, Beraten, Informieren, Pflegen, Heilen, Gestalten, weiter zunehmen wird.
  Gegenwärtig gibt es rund 300 000 Erwerbstätige, die in »freien Berufen« als Selbständige arbeiten. Es sind dies vornehmlich: Ärzte (58 000), Steuerberater (28 000), Zahnärzte (28 000), Architekten (25 000), Rechtsanwälte (24 000), Ingenieure (17 500), Künstler (17 000), Apotheker (15 000), Pädagogen (14 000), Unternehmensberater, Musiker, Masseure, Publizisten, Dolmetscher, Psychologen, Heilpraktiker – mit jeweils 5000 bis 9000 Berufsangehörigen.

Wie ich meine Chancen für einen besseren Ausbildungsberuf oder Arbeitsplatz erhöhen kann

Im Wettbewerb um einen Ausbildungs- oder Arbeitsplatz kann ich meine Chancen insbesondere dadurch steigern, daß ich
- mich besser informiere und beraten lasse über vorhandene Ausbildungs- und Arbeitsplätze, über Zugangsbedingungen (welcher Schulabschluß ist erforderlich?), über die Arbeitsbedingungen (Entlohnung, Aufstiegsmöglichkeiten, körperliche Anforderungen, Arbeitsplatzrisiken);
- mich kritisch mit meinen Berufswünschen (Vorstellungen) auseinandersetze und versuche zu klären, was für mich wichtig ist und wieviel zu leisten ich bereit und in der Lage bin (Entscheidungen treffen, auswählen);
- meine schulische Vorbildung ausbaue, um die beruflichen Wahlmöglichkeiten zu vermehren oder auch, um eine schwierige Entscheidung abzusichern (Berufsaufbauschule, Abendrealschule, Abendgymnasium);
- meine beruflichen Fähigkeiten außerhalb meines Arbeitsplatzes erhöhe oder absichere, mit Hilfe von Fortbildungskursen;
- mich dazu entschließe, einen anderen Beruf zu erlernen (auch umzuschulen) oder eine andere, mit dem jetzigen Beruf verwandte Tätigkeit auszuüben (ohne Umschulung);
- bereit bin, auch den Arbeitsort und notfalls den Wohnort zu wechseln, weil ich dadurch die Auswahl unter den für mich möglichen Ausbildungs- oder Arbeitsplätzen erheblich vergrößern kann, oder weil ich dadurch andere Lebens- und Arbeitsbedingungen (z. B. Fahrzeiten, Arbeitszeiten / Schicht / Entlohnung, Wohnung/Aufstiegsmöglichkeiten) beeinflussen kann.

Jedenfalls ist es notwendig, daß ich mich über die finanziellen Hilfen etwa nach dem Bundesausbildungsförderungsgesetz (BAföG) oder dem Arbeitsförderungsgesetz (AFG) bei den Ämtern für Ausbildungsförderung oder beim Arbeitsamt informiere. Ohne Information, Beratung, Orientierung ist eine Entscheidung kaum möglich, zumindest mit vielen Risiken behaftet.

Für Unentschlossene oder Vielseitige

Die Wahl eines Ausbildungsberufes kann auch dadurch erleichtert werden, daß nach den Erfahrungen der Praxis die meisten Berufe nicht nur über *einen* Ausbildungsweg, sondern auch über andere Berufsausbildungen erreicht werden können.
Nur im Handwerk gibt es erstaunlich viele Berufe, für die nur ein bestimmter Ausbildungsweg möglich erscheint. Spezialisierte Berufe dieser Art sind z. B. der Metzger/Fleischer, Koch, Schneider, Bäcker, Maler.
Nicht so in der Industrie, im Handel und in Verwaltungen.

Berufsausbildungen mit einem hohen Verwertungsgrad, d. h. mit vielen Wahlmöglichkeiten zwischen beruflichen Tätigkeiten (Berufen), sind sicherlich

- Maurer/Zimmerer in bezug auf die übrigen Bauberufe
- Dreher/Werkzeugmacher und insbesondere Schlosser und Mechaniker
- Installateur (Gas-, Wasser- und Elektroinstallateur) und Elektromechaniker insbesondere bei den handwerklichen Metall- und Elektroberufen
- Schriftsetzer/Druckformenhersteller im Druckgewerbe
- Einzelhandelskaufmann/Büro- oder Industriekaufmann bei den kaufmännischen Berufen.

Ähnliches gilt bei den Fachhochschul- und Hochschulberufen für die Studienfächer
Jura, Volkswirtschaft, Maschinenbauingenieur, Biologie (Diplom), Mathematik (Diplom), Chemie (Diplom), Elektrotechnik, Informatik, Physik (Diplom), Betriebswirtschaft (FHS), Elektrotechnik (FHS), Informatik (FHS), Maschinenbau (FHS), Wirtschaftsingenieur (FHS).
Weil diese Berufe viele Zugänge zu den verschiedensten Tätigkeiten eröffnen, heißen sie auch »Schlüsselberufe«.

Welche Erwartungen an den künftigen Beruf gestellt werden ...

... von Eltern

1. ihr Kind soll einmal selbständig arbeiten können, d. h. selbst entscheiden können, wie die Arbeit gemacht wird
2. ihr Kind soll Aufstiegsmöglichkeiten im Beruf haben (Berufslaufbahn)
3. ihr Kind soll gut verdienen und sich etwas »leisten« können
4. ihr Kind soll eine nützliche Arbeit verrichten und anderen helfen können

... von Schülern

1. einen sicheren Arbeitsplatz haben (Sicherheitsbedürfnis)
2. gut mit Vorgesetzten und Kollegen auskommen können (gutes soziales Klima)
3. im Beruf aufsteigen können (hohe Leistungsbereitschaft und Bedürfnis nach sozialem Ansehen)
4. abwechslungsreich arbeiten können
5. mit Menschen zu tun haben und Menschen helfen können
6. selbständig entscheiden und arbeiten können
7. viel Geld verdienen können
8. durch den Beruf ein hohes Ansehen bei Freunden und Bekannten haben.

(Aus »Materialien aus der Arbeitsmarkt- und Berufsforschung« Nr. 10/1979)

Die unterschiedliche Rangfolge der Erwartungen von Eltern und Kindern zeigt, wie Lebenserfahrungen auf Vorstellungen einwirken! Dies gilt vor allem für die unterschiedliche Wertung der Selbständigkeit am Arbeitsplatz und der Höhe des Verdienstes. Hier wird signalisiert, daß viele Eltern darunter leiden, daß sie keine »Selbstverwirklichung«, keine Entfaltung am Arbeitsplatz erfahren haben. Man möchte dann wenigstens von einem hohen Einkommen entschädigt werden in der Hoffnung, in der »Freizeit« als »Privat-Mensch« das tun zu können, was wichtig ist.

Eltern und Schüler haben gemeinsam die Überzeugung, daß nur der im Beruf etwas erreichen kann, der bereit ist, sich anzustrengen und etwas zu leisten (94% der Eltern). Der Glaube an das »Leistungsprinzip« ist also ungebrochen. Ist das nun das Ergebnis der Erziehung in Elternhaus und Schule oder ist es das Ergebnis der persönlichen Erfahrungen?

Hier wirkt sich wohl eher die Erziehung aus, denn 74% der befragten Jugendlichen akzeptieren die Aussage: »Letztlich hat nur der Tüchtige dauerhaften Erfolg im Beruf!«

Wenn sich berufliche Erwartungen nicht erfüllen

Die Bereitschaft, etwas zu leisten, hängt auch von den Erfolgschancen ab. Der Erfolg ist die Antriebsenergie für die Leistung!
Aus diesem Grunde sollte ich meine Ziele so dosieren, daß ich sie mit ziemlicher Sicherheit erreichen kann.
Es hat ja auch im Sport wenig Sinn, sich gleich eine Rekordmarke als Ziel des eigenen Leistungstrainings vorzunehmen, um dann zu erleben, daß dies nur unter den größten Anstrengungen oder gar nicht zu erreichen ist. Resignation, Aufgeben ist dann die Folge!
Ich habe mir zuviel vorgenommen und habe deshalb die Enttäuschung vorausbestimmt. Erfolgserlebnisse sind es, die einen bei der Stange halten. Das gilt selbstverständlich auch für die Berufswahl!
Ich sollte wissen, was ich will! Aber ich muß ebenso wissen, was ich in welcher Zeit leisten kann.
Von der richtigen Planung, d. h. was will ich, in welcher Zeit und auf welche Weise erreichen, hängt der halbe Erfolg ab.
Ein Ziel kann ich nicht nur in einem Zug erreichen, sondern oft nur in einzelnen Schritten (Teil-Ziele):

1. Beispiel:

Ich möchte gerne Maschinenbau-Ingenieur (grad.) werden. Dazu muß ich die Fachhochschule besuchen und brauche das Abitur!
Ich habe aber nur die mittlere Reife!
Muß ich mir also meinen Berufswunsch aus dem Kopf schlagen?
Keineswegs: Hier gibt es beispielsweise zwei verschiedene Möglichkeiten, um doch noch Maschinenbau-Ingenieur werden zu können!

1. Ausbildung als Maschinenbauer (Handwerk)
oder Maschinenschlosser (Industrie)
– Dauer 3½ Jahre

Besuch der berufsbegleitenden Abendschule mit Ziel Abitur; eventuell letztes Jahr ganztags nach Abschluß der Lehre (BAföG)
– Dauer ca. 3 Jahre
Studium des Maschinenbaus an der FHS (BAföG)

2. *Ausbildung* als Maschinenbauer oder Maschinenschlosser
Besuch der Technikerschule nach Ausbildung und Berufspraxis
Förderung der Fortbildung nach dem Arbeitsförderungsgesetz (AFG);
Erwerb der Zulassung zur FHS (Sonderprüfung)
– Dauer 4 Semester oder 8 Semester Teilzeitunterricht
Besuch der Fachhochschule (BAföG)

2. Beispiel:

Ich möchte gerne Radio- und Fernsehtechniker werden, bekomme aber an meinem Wohnort keinen Ausbildungsplatz. Meine Eltern erlauben aber keine auswärtige Ausbildung.
Hier habe ich die Möglichkeit, auf einen verwandten Elektro-Beruf auszuweichen und später an einen anderen Ort umzuziehen, um als Radio- und Fernsehtechniker umzuschulen. Vielleicht kann ich mich nach einiger Zeit Berufspraxis auch in eine überbetriebliche Einrichtung mit finanzieller Hilfe des Arbeitsamtes (Arbeitsförderungsgesetz) fortbilden oder umschulen, ohne umziehen zu müssen.
Diese beiden Beispiele verdeutlichen wichtige Möglichkeiten, um nicht resignieren zu müssen, wenn Erwartungen und Interessen nicht eingelöst werden können:

1. Es gibt fast immer Umwege und Auswege!

2. Schritt für Schritt den Berufsweg planen und daran denken, daß ein Berufsleben rund 40 Jahre dauert, eine Berufsausbildung aber höchstens den zehnten Teil davon.

3. Kann der Wunschberuf nicht direkt erreicht werden, muß ich prüfen, auf welche Berufe ich (vorläufig) ausweichen kann, um mir vergleichbare Arbeitsplätze erschließen und berufliche Fähigkeiten entwickeln zu können.

4. Für spätere berufliche Fortbildungs- oder Umschulungsmaßnahmen gibt es öffentliche Finanzhilfen (BAföG, Arbeitsförderungsgesetz).

5. In all diesen Fällen ist eine Beratung durch den Berufsberater besonders wichtig!

Stichwörter zur Berufswahl

Arbeitszufriedenheit

Arbeitszufriedenheit ist ein Zustand, den Menschen empfinden, deren Erwartungen und Bedürfnisse von der beruflichen Tätigkeit am Arbeitsplatz eingelöst und befriedigt werden. Der »gute« Arbeitsplatz schafft Zufriedenheit mit der Arbeit und dem Beruf.
Ob Zufriedenheit mit der Arbeit bzw. dem Beruf erreicht werden kann, hängt ab

1. von den persönlichen Bedürfnissen, d. h. von den Wertvorstellungen, die ein Berufstätiger in die Arbeit einbringt;
2. von den Arbeitsbedingungen, unter denen gearbeitet werden muß und
3. davon, in welchem Maße die beruflichen Wertvorstellungen vom Arbeitsplatz eingelöst werden können (= Grad der Übereinstimmung 1 und 2)

Obwohl dies bedeutet, daß der Grad der Arbeitszufriedenheit nur in jedem Einzelfall zuverlässig festgestellt werden kann und daß sich je nach den geänderten persönlichen oder wirtschaftlichen Verhältnissen (z. B. durch Alter, Krankheit, Massenarbeitslosigkeit) auch die Arbeitszufriedenheit wandelt, gibt es doch allgemein gültige Erkenntnisse darüber, was für alle Berufstätigen wichtig ist und wovon für alle die Zufriedenheit mit dem Arbeitsplatz abhängt.
Welche Wertvorstellungen (Bedürfnisse) haben die Berufstätigen?
Berufstätige erwarten von ihrer Arbeit:
Gute Bezahlung; Sicherheit vor Arbeitslosigkeit und vor Berufsunfällen; Anerkennung (das Gefühl gebraucht zu werden); Selbständigkeit bei der Arbeit und abwechslungsreiche Tätigkeiten; Aufstiegsmöglichkeiten; Arbeitszeiten, die auf ihre privaten Inter-

essen Rücksicht nehmen; gute Kontakte zu Mitarbeitern und Vorgesetzten; leistungsgerechte Bewertung der Arbeit.

Zwar hat auch die Arbeitsumgebung, also der äußere Rahmen der Arbeit, Einfluß auf die Arbeitszufriedenheit. Entscheidend bleibt aber immer die Art der zu leistenden Arbeit und die Arbeitsbedingungen sowie das Ausmaß, in dem diese die Bedürfnisse nach Sicherheit, Anerkennung, Selbstwertgefühl oder gar Selbstverwirklichung einlösen können.

Bedürfnisse

Jeder Mensch hat Bedürfnisse. Menschliches Handeln ist immer auf Befriedigung von Bedürfnissen gerichtet. Am wichtigsten ist immer das Bedürfnis, von dem man die Vorstellung hat, daß es einem am meisten nutzt. Menschen haben je nach ihrem Alter, ihrer beruflichen Stellung, der Höhe ihres Einkommens und der Art ihrer Erziehung und Lebenserfahrung entsprechend auch unterschiedliche Vorstellungen vom Wert der verschiedenen Bedürfnisse.

Also: Zwar haben alle Menschen Bedürfnisse, die sie befriedigen wollen, aber die Bedürfnisse sind nicht für alle gleich und vor allem nicht für alle gleich wichtig!

So haben nach Meinung vieler Wissenschaftler (hier insbesondere A. H. Maslow »Psychologie des Seins«, München 1973) alle Menschen in ihren Bedürfnissen Rangstufen.

Nach Maslow kann folgende allgemeine Rangordnung der Bedürfnisse festgestellt werden:

1. Grundlegende Bedürfnisse, die unser Überleben sichern und die sich z. B. in Hunger und Durst bemerkbar machen (wer hungert, interessiert sich zuerst einmal nur für's Essen).
2. Bedürfnisse nach Sicherheit und Vorsorge für das künftige Überleben (wer Hunger und Durst gestillt hat, will sicherstellen, daß er auch morgen genug zu essen und zu trinken hat, und sucht nach Schutz vor Gefahren).
3. Bedürfnisse nach Kontakt mit anderen Menschen, nach Anerkennung durch Freunde und Bekannte; jeder Mensch will geachtet und geliebt sein.
4. Bedürfnisse nach Unabhängigkeit und Freiheit, nach Unterscheidung und Achtung der persönlichen Einmaligkeit bzw. Besonderheit (ich bin stolz auf meine . . ? . . ; ich höre es

gerne, wenn andere vor mir Respekt, Angst? haben. Ich will nicht so sein wie alle anderen!)
5. Bedürfnis nach Selbstverwirklichung: Ich will das tun, was ich für mich für wichtig halte.
Gerade bei den Bedürfnissen nach Anerkennung und Selbstverwirklichung werden im Berufsleben die meisten Enttäuschungen erlebt. Viele andere tun das gleiche wie ich; ich bin jederzeit ersetzbar und austauschbar. Wo bleibt der Sinn der Arbeit? Warum tue ich diese Arbeit? Ich tue immer nur das, was andere von mir verlangen! Was will ich eigentlich selber? Weiß ich das noch? Und warum tue ich nicht endlich das, was ich will?
Die meisten von uns, die mit ihrem Beruf nicht zufrieden sind, ändern daran deshalb nichts, weil sie Angst haben! Sie verdrängen das Bedürfnis nach Anerkennung und Selbstverwirklichung, weil das Bedürfnis nach Sicherheit schwerer wiegt.

Auf dieses Gefüge von Bedürfnissen (Bedürfnisstruktur) bauen mehr oder weniger alle Untersuchungen und Befragungen über die beruflichen Ziele von Arbeitnehmern und über ihre Arbeitszufriedenheit auf.

Aus Befragungen unter Arbeitnehmern weiß man, daß diese ihre berufliche Situation sehr nüchtern einschätzen. Sie messen ihre Bedürfnisse an der Wirklichkeit und geben sich kaum Wunschträumen hin. Am wichtigsten sind ihnen gute Bezahlung und ein fester Arbeitsplatz. Aber auch mehr Anerkennung bei der Arbeit ist für sie wichtig. Es folgen der Wunsch nach einer interessanten und abwechslungsreichen Arbeit, nach Aufstiegsmöglichkeiten und nach Mitbestimmung.

Berufsberatung

Berufsberatung ist die Erteilung von Rat und Auskunft bei der Wahl des Berufes. Die Berufsberatung informiert über Ausbildungsmöglichkeiten, Ausbildungsanforderungen und klärt auf über die voraussichtliche Entwicklung der Berufe. Sie erteilt Auskünfte über finanzielle Hilfe zur Berufsausbildung und vermittelt Ausbildungsplätze. Sie hilft bei der Feststellung der gesundheitlichen oder psychischen Eignung und gewährt finanzielle Leistungen für die Berufsausbildung in einem anerkannten Ausbildungsberuf und bei der Aufnahme einer Ausbildung. Berufsberatung ist eine öffentliche Aufgabe und darf nach dem Arbeitsförderungsgesetz (AFG) nur von den Arbeitsämtern betrieben werden (§ 4 AFG).

Die Berufsberatung ist unparteiisch, ihre Leistungen sind kostenlos.

Die Berufsberatung darf Ratsuchende nur in *anerkannte Ausbildungsberufe* auf fachlich geeigneten Ausbildungsplätzen vermitteln. Vor jeder Vermittlung eines Ausbildungsplatzes muß die Berufsberatung prüfen und feststellen, ob der Ratsuchende für die vorgesehene Berufsausbildung geeignet ist. Welche Ausbildungsberufe anerkannt sind und ob ein Betrieb ausbilden darf, ist im Berufsbildungsgesetz geregelt. Zuständig für die Überwachung der Ausbildung sind die jeweiligen Kammern (Industrie- und Handelskammern, Handwerkskammern, Ärzte- oder Zahnärztekammern, Landwirtschaftskammern, Rechtsanwaltskammern).

Für jeden *anerkannten* Ausbildungsberuf bestehen Ausbildungsordnungen, in denen Dauer und Inhalte der Ausbildung sowie das Prüfungsverfahren bestimmt sind. Sie sind auch die wichtigste Grundlage für jeden Ausbildungsvertrag.

Wird eine Berufsausbildung nicht in einem anerkannten Ausbildungsberuf nach dem Berufsbildungsgesetz abgeleistet, sondern in schulischer Form an einer Berufsfachschule, Fachschule, Fachakademie, Fachhochschule oder Hochschule, kann die Berufsberatung nur Rat und Auskunft bei der Berufswahl geben. Eine Vermittlung in Ausbildungsplätze an diesen Schulen ist nicht möglich. Die Zulassung und Ausbildung an Schulen richtet sich nach den einschlägigen Gesetzen der einzelnen Bundesländer, in denen diese Schulen ihren Sitz haben. Diese Gesetze werden dann meist noch ergänzt durch sogenannte Studienordnungen. Für die Zulassung zu einem Studium an Hochschulen wurde von allen Bundesländern ein einheitliches Verfahren vertraglich vereinbart. Die Studienplätze werden von der Zentralstelle für die Vergabe von Studienplätzen in Dortmund (ZVS) verteilt. Für Lehramts- und Fachhochschulstudien gilt dieses Verfahren nicht allgemein, sondern nur in einzelnen Bundesländern. Im einzelnen können darüber die Schullaufbahn-Berater und die Berufsberater für Abiturienten und Hochschüler informieren (siehe auch »abi« Heft 5/1979).

Eine Berufsberatung gliedert sich im allgemeinen in drei eigenständige Tätigkeitsbereiche, die nicht in jedem Einzelfall vollständig in Anspruch genommen werden müssen. Es sind dies die *Berufsorientierung*, die *Berufsberatung* und die *Hilfen bei der Verwirklichung des Berufswunsches.*

Berufsorientierung
- hier können nur allgemeine, nicht auf die Bedürfnisse des einzelnen abgestellte Hilfen zur Orientierung über die Berufswelt, über einzelne Berufe, über die Berufswahl, über Ausbildungs-,

Weiterbildungs- und Umschulungsmöglichkeiten gegeben werden.

Berufsorientierung geschieht in Schulbesprechungen, Elternversammlungen, Broschüren, Vortrags- und Filmveranstaltungen, berufskundlichen Informationsausstellungen, in Betriebsbesichtigungen und selbstverständlich auch in der Schule etwa im Fach Arbeitslehre beim Berufswahlunterricht.

Berufsberatung

- Jede gute Berufsberatung ist eine *Einzelberatung* und ganz auf die Bedürfnisse des Ratsuchenden abgestellt. Sie enthält Informationen, Entscheidungshilfen und Hilfen zur Verwirklichung der Berufswahlentscheidung. Die Informationen der Berufsberatung sind insbesondere gerichtet auf die Anforderungen einzelner Berufslaufbahnen und Berufe, auf Zugangs- und Zulassungsbedingungen einzelner Ausbildungen, auf die Ausbildungsinhalte und auf finanzielle Förderungsmöglichkeiten. *Die Entscheidungshilfen sind in erster Linie Rat und Auskunft zur Berufswahl.* Hierzu gehören insbesondere die Fragen und Hilfen zur Feststellung der persönlichen Interessen und Fähigkeiten, also nach der Eignung. Die Berufsberatung kann bei der Feststellung der Eignung mit psychologischen Tests oder fachpsychologischen und ärztlichen Untersuchungen oder mit fachlichen Informationen zur eigenen Entscheidungsfindung helfen. Im Mittelpunkt jeder Berufsberatung steht das Gespräch mit dem Berufsberater.

Verwirklichung

- Eine Berufswahl ist dann gut, wenn sie nicht nur die eigenen Interessen und Fähigkeiten zu erkennen hilft, sondern auch in ein Ausbildungsverhältnis, in ein Studium oder in den angestrebten weiteren Schulbesuch einmündet.

Jede Entscheidung drückt auch den Willen zum Erfolg aus. Sie verlangt Verwirklichung der getroffenen Wahl. Die Berufsberatung kann hier behilflich sein, insbesondere durch Auskünfte über Ausbildungsmöglichkeiten (wie, wo, wann), durch die *Vermittlung von Ausbildungsplätzen* und durch die *Übernahme von Ausbildungskosten*. Dort, wo eine Berufsausbildung nicht sofort möglich oder sinnvoll ist, wird sie geeignete Übergangshilfen anbieten, welche die Chancen zur Berufsausbildung verbessern. Hierzu gehören insbesondere die berufsvorbereitenden Maßnahmen, wie *Grundausbildungs-* und *Förderlehrgänge*. Die Berufsberatung stellt ferner Informationen und Hilfen für Bewerbungen und Betriebsbesuche zur Verfügung.

Es ist sinnvoll, zur Vorbereitung auf das Gespräch mit dem Berufsberater die über die Schulen erhältlichen Informationen zur Berufswahl durchzusehen und sich wichtige Fragen zurechtzulegen (Zeitungen und Broschüren wie IZ, Beruf Aktuell, STEP). Jeder Zweifel an den eigenen beruflichen Interessen und Fähigkeiten wäre an sich schon Grund genug für ein Gespräch mit dem Berufsberater!

Wichtig!
Vorher Termin telefonisch vereinbaren / Schulzeugnisse mitbringen.
Das wichtigste bei der Berufsberatung ist das Beratungsgespräch. Es soll helfen, die eigenen Vorstellungen, Erwartungen, Interessen, Abneigungen näher festzustellen, die eigene Leistungsfähigkeit (auch gesundheitlich) zu erkennen sowie wichtige Überlegungen zu beruflichen Leistungsanforderungen anzustellen.

Berufseignung

Eignung heißt, daß ich fähig bin, die im Beruf üblichen Anforderungen zu erfüllen (Leistung). Eignung drückt sich dadurch aus, daß ich mit dem gewählten Beruf oder mit dem künftigen Arbeitsplatz zufrieden sein werde (berufliche Zufriedenheit). Eignung bezieht sich immer auf etwas: ich bin geeignet für ... etwas. Oder: Etwas ... eignet sich für mich! Eignung wird aus Vergleichen ermittelt! Eignung sollte aber nicht darauf verkürzt werden, daß eine bestimmte Tätigkeit ausgeübt werden kann oder daß ein gewünschtes Einkommen erzielt oder ein bestimmter Beruf erlernt werden kann. Es kommt vielmehr darauf an, daß mich der Beruf zufriedenstellt, daß also auch meine persönlichen (inneren) Bedürfnisse nach Sicherheit, Ansehen, Selbstverwirklichung und Selbstbestimmung (wenigstens zum Teil) befriedigt werden.

Eignung schließt also ein

- meine eigenen Vorstellungen von Berufen und von der Arbeit und
- meine Leistungsbereitschaft (Motivation) zur Ausübung eines (bestimmten) Berufes (Interessen);
- mein Leistungsvermögen, d. h. meine körperlichen (gesundheitlichen), geistigen (schulischen) Fähigkeiten;
- die Anforderungen der Berufsausbildung und des späteren Arbeitsplatzes an meine körperliche Leistungsfähigkeit und an meine schulische oder berufliche Vorbildung.

Daraus ergibt sich:

1. Für welchen Beruf ich (mehr oder weniger) geeignet bin, hängt von meinen Erwartungen (Vorstellungen) und davon ab, welche typischen Anforderungen in den von mir gewünschten Berufen gestellt werden.
2. Meine körperliche oder/und geistige Leistungsfähigkeit erschließt mir viel mehr Berufe, als ich nach meinen Erwartungen (Vorstellungen) bereit bin auszuüben.
3. Deshalb ist die Frage nach der Berufsauswahl treffender so zu formulieren: Welche Berufe eignen sich für mich, oder: welche Berufe kommen für mich aufgrund meiner Erwartungen, meiner Schulkenntnisse, meiner Leistungsbereitschaft und meines körperlichen Leistungsvermögens in Frage!

Mit Hilfe von Eignungstests wird in aller Regel versucht zu ermitteln, wie bestimmte persönliche Merkmale (z. B. Interessen) ausgeprägt sind und inwieweit dies mit der im jeweiligen Beruf für zufriedene und erfolgreiche Berufsangehörige typischen Ausprägung übereinstimmt. Eignungstests sind also »Ähnlichkeits-«Vergleiche.

Ferner kommen noch zur Geltung diejenigen Erkenntnisse über den Ratsuchenden, die aus den (Schul-)Zeugnissen, aus seiner bisherigen Berufs- und Lebens-Laufbahn und aus seinen sonstigen Vorstellungen abgeleitet werden können. So ist es durchaus möglich, daß jemand zwar persönlich für den Beruf geeignet ist, ihn aber trotzdem ablehnt. (Er hält den Beruf z. B. nicht für attraktiv.)
Bei Tests steht mehr im Vordergrund die Frage:
Eigne ich mich für bestimmte Berufe?
und weniger die Frage:
Welche Berufe eignen sich für mich?

Berufslaufbahn

Mit Berufslaufbahn werden die verschiedenen beruflichen Rollen oder Positionen, die ein Mensch im Laufe seines Berufslebens einnimmt, in einem Begriff zusammengefaßt. Eine Laufbahn ist die Reihe verschiedener beruflicher Stationen, die durchlaufen oder erreicht werden bzw. erreichbar sind. Am bekanntesten ist die Bezeichnung »Laufbahn« für die berufliche Entwicklung eines Beamten. Im öffentlichen Dienst ist die Bezeichnung Laufbahn ein fester Bestandteil des Beamtenrechts.

Charakteristisch für eine Laufbahn ist üblicherweise auch die Abhängigkeit der höherwertigen Position (Rolle) von der vorhergehenden. Je spezialisierter und arbeitsteiliger sich unsere Berufs- und Arbeitswelt entwickelt, um so weniger wird diese Abhängigkeit beruflicher Positionen und Rollen überschaubar. Gleichzeitig wächst aber auch die Chance, Laufbahnen zu wechseln oder Laufbahnen zu »durchlaufen«, weil trotz der scheinbaren Vielfalt die Berufe noch immer eng miteinander verflochten sind.

Beispiele für mögliche Laufbahnen:

Eines Beamten: Fachhochschüler, Inspektor, Oberinspektor, Amtmann, Amtsrat, Oberamtsrat (Laufbahn des gehobenen Dienstes) Hochschule/Universität, Regierungsrat, Oberregierungsrat, Regierungsdirektor, Ministerialrat (Laufbahn des höheren Dienstes)
eines Arbeiters: Auszubildender, Facharbeiter, Meister/Vorarbeiter, Techniker/Abteilungsleiter
eines Angestellten: Auszubildender, Angestellter (z. B. Industriekaufmann), Handelsfachwirt/Betriebswirt, Abteilungs-/Gruppenleiter oder Auszubildender Fachangestellter, Spezialisierung zum Systemanalytiker in der Datenverarbeitung.
Die Laufbahn beinhaltet also immer hierarchische Elemente, ist also aufstiegs- und leistungsorientiert.
Daraus wird wieder der Zusammenhang zwischen einer beruflichen Laufbahn und der Zugehörigkeit zu bestimmten gesellschaftlichen Gruppen und Schichten deutlich. Gleiche berufliche Interessen und Erfahrungen erleichtern sehr stark die privaten Kontakte.
Ferner wird sichtbar, wie sehr sich jeder Mensch im Laufe seines Berufslebens, also während er die Berufslaufbahn durchläuft, an die Bedingungen des Berufes und der Arbeitsplätze anpassen wird. Er richtet seine Interessen/Wertvorstellungen/Bedürfnisse/Lebensziele und Fähigkeiten nach den Möglichkeiten seines Berufes, insbesondere nach den »Aufstiegs-«bedingungen seiner Berufslaufbahn aus. Ähnlich haben sich ja im Verlauf seiner Erziehung seine beruflichen Erwartungen und Wertvorstellungen aus der Familie, der Schule und dem Bekanntenkreis entwickelt (Sozialisation).
So ist der Beruf einerseits ein Mittel zur Selbstverwirklichung, andererseits kann er je nach seinen Anforderungen und Entwicklungsmöglichkeiten auch die Selbstverwirklichung verhindern.
Unzufriedenheit im Beruf ist immer ein Zeichen dafür, daß Bedürfnisse – etwa nach Sicherheit, Anerkennung, Selbstverwirklichung – nicht befriedigt werden!
Dann: Berufswahl überdenken/Berufslaufbahn wechseln *oder* Bedürfnisse/Interesse/Erwartungen/Wertvorstellungen überprüfen!

Berufsprognosen

Kaum eine Frage wird öfter gestellt als die Frage nach der Zukunft eines Berufes, nach seinen Entwicklungschancen auf dem Arbeitsmarkt.
Aber kaum eine Frage ist auch schwerer zu beantworten. Daran ändert auch die mittlerweile flutartig angewachsene Zahl von Berufs- oder Beschäftigungsprognosen nichts.
Im Ergebnis ist festzustellen: Es gibt keine zuverlässigen Berufs-, Beschäftigungs- oder Bedarfsprognosen, die sich für eine Entscheidung zur Berufswahl wirklich eignen würden.

Die Zukunft aller Berufe und damit des einzelnen Berufes hängt immer ab

- von der Entwicklung der Wirtschaftstätigkeit in der gesamten Volkswirtschaft
- von der Zahl der Personen, die in einen bestimmten Beruf hineindrängen oder die überhaupt Arbeit suchen (Bevölkerungsentwicklung)
- von der Fähigkeit und Bereitschaft des einzelnen Beschäftigten, seine beruflichen Kenntnisse in anderen Berufen zu verwerten (Flexibilität) oder an anderen Orten einzusetzen (Mobilität)
- von den Auswirkungen der technologischen Entwicklung und
- nicht zuletzt von dem Leistungsvermögen des einzelnen Berufstätigen in Konkurrenz zu seinen Mitbewerbern.

Es sind also immer gleichzeitig mehrere Einflüsse, die auf die berufliche Entwicklung im Einzelfall einwirken:

1. *persönliche Voraussetzungen,* wie Eignung, Motivation, Alter, Gesundheitszustand, familiäre Bindungen, Mobilität usw.
2. *gesellschaftliche Bedingungen,* wie familiäre und schulische Entwicklungschancen, Informations- und Entscheidungsfähigkeit in Fragen der Berufswahl und bei beruflichen Alternativen
3. schließlich die *allgemeinen wirtschaftlichen, technologischen sowie die spezifischen beruflichen Entwicklungen,* wie Konjunktur, Rationalisierung, Konkurrenzdruck und eventuell politische Entscheidungen zum Bedarf (z. B. im Lehrerberuf)

Als Faustregel wird deshalb immer die Parole ausgegeben: Besser zuviel lernen als zuwenig!
Sie ließe sich ergänzen um die Aussage: Am besten lernt man den Beruf, der einem selbst am meisten gefällt!

Gerade bei Hochschülern hat sich entgegen allen Unkenrufen erwiesen, daß sowohl die private Wirtschaft als auch der öffentliche Dienst weit mehr Hochschulabsolventen aufgenommen haben als erwartet. In vielen Fällen wurden neue Tätigkeiten geschaffen bzw. aufgewertet (oft zu Lasten von Nicht-Akademikern); in anderen Fällen hat sich gezeigt, daß sich das qualifizierte Angebot selbst eine Nachfrage schafft (Probleme sind da, werden aber nie erkannt oder immer weggeschoben). Auch im internationalen Vergleich läßt sich sagen, daß wir insgesamt noch keineswegs überdurchschnittlich mit hochqualifizierten Arbeitskräften auf dem Arbeitsmarkt besetzt sind.

Ähnliches gilt für die Facharbeiter und qualifizierten Angestellten! Auch hier hat sich immer erwiesen, daß es zwar eine unmittelbare Abhängigkeit zwischen der Konjunktur (Gesamtbeschäftigung) und den Zukunftschancen in einzelnen Berufen gibt, daß aber immer in der Konkurrenz zwischen den Arbeitnehmern um den Arbeitsplatz derjenige gewinnt, der besser ausgebildet, gesünder, beweglicher und jünger ist.

Das harte marktwirtschaftliche Wettbewerbssystem ist aus unseren Arbeitsmärkten noch nicht verschwunden.

Im übrigen: Bei Bedarfsprognosen ist schon allein deshalb Vorsicht geboten, weil sie meist bestimmte Absichten verfolgen! Also immer auch fragen: wer hat sie gemacht, für welchen Zweck wurden sie erarbeitet, wie zuverlässig sind die erhobenen Daten (Statistiken) und was wurde als Berechnungsgrundlage für Entwicklungsgrößen angenommen (geschätzt)?

Berufsreife

Berufsreife hat viel gemeinsam mit Berufs*wahl*reife. Der Begriff Berufsreife benennt die Fähigkeit, mit Problemen im Beruf, in der beruflichen Ausbildung und am Arbeitsplatz fertig zu werden.

Diese Fähigkeit kann sich aber nur auf solche Probleme beziehen, die ich entsprechend meinem Lebensalter und meiner Erziehung normalerweise bewältigen können muß.

Diese Fähigkeit besitze ich,
- wenn ich mit den im beruflichen Alltag üblichen körperlichen und seelischen Belastungen fertig werde,
- wenn ich übertragene Aufgaben mit dem bisher erworbenen Wissen (z. B. Schulwissen) und nach Anleitung bewältigen kann,

- wenn ich mich in den Kreis von Mitarbeitern und Vorgesetzten einordnen und in einer Gruppe behaupten kann (soziale Reife),
- wenn ich bereit bin, eine Leistung zu erbringen und mich mit Aufgaben (Problemen) auseinanderzusetzen.

Der größte Teil dieser Fähigkeiten ist das Ergebnis der Erziehung in der Familie und in der Schule. Einiges hängt aber auch von meinem Lebensalter und meiner körperlichen Reife ab sowie von den Erfahrungen, die ich mache.

Berufsreife ist also das Ergebnis einer natürlichen (Lebensalter) und gesellschaftlichen (Familie/Schule) Entwicklung.

Berufswahlreife

Berufswahlreife bedeutet, daß ich fähig bin, selbständig über meinen künftigen Beruf zu entscheiden.

Zur Berufswahlreife gehört die Fähigkeit
- zu erkennen, daß Berufswahl für mich wichtig ist,
- zu wissen, wie eine Berufswahl vor sich geht, auf was es ankommt, woher ich Informationen über Berufe, Ausbildungen, Arbeitsplätze erhalten kann;
- bereit zu sein, mich mit meinen Vorstellungen über Arbeit und Beruf auseinanderzusetzen;
- zu erkennen, was in den für mich wichtigen Berufen, Ausbildungen und Arbeitsplätzen an schulischen Kenntnissen, körperlicher Geschicklichkeit und Leistungsbereitschaft erwartet wird; ich muß mich selbst daraufhin einschätzen können, ob ich bereit bin, dies zu leisten;
- zu lernen, meine eigenen Interessen und Fähigkeiten zu begreifen und einzuschätzen, was in den möglichen Berufen von mir erwartet wird;
- zu akzeptieren, daß eine Entscheidung zur Berufswahl nie *auf Dauer* gültig sein kann, sondern daß sie aufgrund meiner *gegenwärtigen* Interessen, Fähigkeiten und Vorstellungen getroffen wird;
- eine Entscheidung zur Berufswahl begründen und sagen zu können, warum ich jetzt diesen bestimmten Beruf auswähle.

Berufswahlreife ist also gegeben, wenn ich mich eigenverantwortlich orientieren, informieren und entscheiden kann!

Diese Fähigkeit habe ich aus meiner Erziehung und aus meiner persönlichen Entwicklung erworben. Sie verändert sich im Laufe meines Lebens. Ich mache neue Erfahrungen, eigne mir mehr Wissen an, ziehe Vergleiche, setze mir neue Lebensziele und habe andere Bedürfnisse. Weil sich die Reife bzw. Fähigkeit zur Wahl eines Berufes ständig verändert und weiterentwickelt, darf ich Berufswahl nie als eine einmalige Entscheidung verstehen.

Wenn ich neue Interessen und Fähigkeiten entwickle, muß ich auch prüfen, ob ich einen anderen Beruf wählen soll, um diese Interessen befriedigen und Fähigkeiten nutzen zu können.

Interesse

Interesse haben heißt, für bestimmte Menschen, Tiere, Sachen, Vorgänge oder Tätigkeiten eine Vorliebe bzw. eine starke Neigung zu verspüren.

Vorlieben oder Neigungen habe ich zu Dingen, die mir nach meiner Vorstellung nützlich sind. Um aber eine Vorstellung von etwas zu haben, muß ich erkennen oder wenigstens annehmen zu wissen, um was es sich handelt. Auch der erwartete Nutzen kann von Person zu Person verschieden sein: er kann sich ausdrücken in Geld, Lob, Freude, Ansehen, Selbstwertgefühl, Zufriedenheit, Sicherheit; er kann sofort eintreten aber auch für die Zukunft erwartet werden.

> Unser Interesse wird also davon bestimmt, welche Vorstellungen wir davon haben, welchen Wert (d. h. welchen Nutzen) eine Ausbildung, ein Beruf und ein Arbeitsplatz für uns hat.

Weil Interessen das Ergebnis von Wert-Vorstellungen sind, sind sie abhängig von unserer Erziehung. Erziehung sind auch die (unbewußten) Einflüsse der Umwelt (Freunde, Bekannte, Technik, Natur, Menschen/Tiere) und nicht nur die bewußt aufgenommenen Kenntnisse etwa aus der Unterweisung in der Familie und Schule.

Interessen können mit Hilfe von Tests erfragt und festgestellt werden
entweder
um jemanden zu bestimmten Entscheidungen hinzuführen – wenn er selbst nicht weiß, was er will;
oder
um jemanden dabei zu helfen zu prüfen, ob sein Interesse für bestimmte Berufe ausreicht oder ob er sich für andere, ihm noch nicht bekannte Berufe besser »eignen« könnte.

Diese Tests fragen meist Interessen ab für handwerkliche/technische, wissenschaftliche, künstlerische oder soziale Tätigkeiten.
Man will wissen, welche Berufe jemand bevorzugt, um ihm zur Zufriedenheit im Beruf zu verhelfen.
Tests spiegeln die eigenen Vorstellungen über das, was einem wichtig ist (Interessen), wider.
Aber Vorsicht! Getestet kann nur werden, was schon da ist! Deshalb ist es wichtig, sich vor jedem Test zu informieren, zu orientieren und zu beraten. Eventuell den Test als Entscheidungshilfe zusätzlich zum Beratungsgespräch einsetzen. – Siehe hierzu auch Stichwort Leistungsbereitschaft (Motivation).

Motivation

Motivation ist ein Fachwort für Leistungsbereitschaft; es meint Antrieb zum Handeln. Leistung (Motivation) ist immer auf Befriedigung von Bedürfnissen gerichtet!
Bedürfnisse steuern die Leistungsbereitschaft. Je mehr Bedürfnisse ich habe, um so mehr muß ich/will ich leisten. Es sei denn, daß ich durch Geburt (soziale Herkunft) schon bessere Chancen oder finanzielle Voraussetzungen mitbringe. Auch Leistung ist also kein absoluter Wert, der für jeden gleich viel bedeutet.
Da Leistung auf die Befriedigung von Bedürfnissen gerichtet ist, hängt umgekehrt unsere Bereitschaft, etwas zu leisten, auch davon ab, ob und wieviel uns das Ergebnis der Leistung nutzt (wert ist). Nutzen habe ich, wenn ich ein Bedürfnis befriedige.
Bedürfnisse können von der Natur vorgegeben, auf materielle Dinge oder auf Ideen gerichtet sein. Z. B. Essen, Trinken, Wohnen, Kleidung, Auto; ideelle Werte können sein: Ansehen/Anerkennung, Selbstwertgefühl/Selbstbewußtsein, Unabhängigkeit/Freiheit.
Die Rangfolge der Bedürfnisse entwickeln wir aus unseren anerzogenen und selbst entwickelten Vorstellungen (Wertvorstellungen). Diese Wertvorstellungen sind deshalb ständigen Einflüssen und Veränderungen ausgesetzt. Dies gilt besonders für den Beruf und die Berufswahl.
Bei der Berufswahl müssen wir darüber entscheiden, was für uns in Ausbildung, Beruf und Arbeit wichtig ist! Nur dann sind wir auch fähig, eine berufliche Leistung dauerhaft zu erbringen. Wenn sich unsere beruflichen Wertvorstellungen wesentlich ändern, sollten wir auch unsere Berufswahl überprüfen. Der Beruf kann eigene Bedürfnisse befriedigen, wie etwa das Bedürfnis nach Risiko, nach

schöpferischer Leistung, nach körperlicher und geistiger Bestätigung. Der Beruf trägt aber über das erzielte Einkommen auch dazu bei, daß gesellschaftliche Bedürfnisse, wie Anerkennung, materieller Wohlstand, Sicherheit, befriedigt werden. Es ist wichtig, auch zu fragen, ob das was wir tun, noch das ist, was wir wollen! Ob das, was wir tun, noch wichtig ist, erkennen wir zuerst daran, daß wir zufrieden sind. »Jeder ist seines Glückes Schmied« heißt, daß es auch an uns selbst liegt, was wir wollen, was für uns wichtig ist und was wir dafür zu tun bereit oder fähig sind!

»Hans im Glück« war erst glücklich, als er nur noch das hatte, was für ihn wichtig war. Er hat dazugelernt, seine Vorstellungen geändert und dann das getan, wovon er wußte, daß es für ihn ganz persönlich das Wichtigste war.

Solange wir keine überzeugende Vorstellung davon haben, was wir arbeiten, warum wir arbeiten und wie wir arbeiten wollen, wissen wir auch nicht, warum wir etwas leisten sollen!

Qualifikation

Qualifikation ist allgemein die Fähigkeit, bestimmte – berufliche – Tätigkeiten ausüben zu können. *Berufliche* Qualifikation sind somit alle Kenntnisse und Fertigkeiten (Fähigkeiten), die zur Ausübung *bestimmter* beruflicher Tätigkeiten oder von Berufen befähigen oder berechtigen.

Diese Qualifikationen werden erworben in Familie und Schule (Erziehung), in der Berufsaus- und Fortbildung und am Arbeitsplatz (Berufspraxis).

Das macht deutlich, daß die Entscheidung, welche schulischen und beruflichen Qualifikationen erworben werden sollen, mit der wichtigste und schwierigste Teil der *Berufswahl* ist.

Die aufschlußreichsten Informationen über die erforderliche berufliche Qualifikation in den einzelnen Berufen oder beruflichen Tätigkeiten liefern Arbeitsplatzbeschreibungen (soweit überhaupt vorhanden). Dabei zeigt sich, daß sich viele Teile der Qualifikationen in vielen Berufen gleichen. Viele Berufe unterscheiden sich hinsichtlich der Anforderungen an die Qualifikation weit weniger, als dies häufig angenommen wird. Diese Verwandtschaft der Berufe läßt sich am schnellsten aus dem gemeinsam zu bearbeitenden Material ableiten (z. B. Metall-Berufe, Holz-, Textil-, Elektro-, Chemie-, Hauswirtschafts-Berufe). Gleiches gilt für die Dienstleistungsberufe (z. B. Arzt; medizinische Hilfsberufe).

Qualifikationen werden mit Hilfe von Prüfungen festgestellt und öffentlich anerkannt. Staatlich anerkannte Prüfungen sind in vielen Fällen auch Voraussetzung für die Führung einer bestimmten Berufsbezeichnung. In einigen Berufen ist die Berufsbezeichnung gesetzlich geschützt, wie etwa bei Ärzten und Ingenieuren. Ähnliches gilt auch für die Nachweise besonderer oder spezieller Qualifikationen, die zusätzlich erworben werden können (z. B. akademische Grade wie Doktor/Professor).

Es werden nur diejenigen Fähigkeiten eines Menschen als berufliche Qualifikation bezeichnet, die er als Erwerbstätiger verwerten kann *und* die im Beruf gegenwärtig benötigt werden.

Je enger der Begriff Qualifikation gefaßt und angewandt wird (Spezialisierung), um so größer ist die Gefahr, daß andere sinnvolle und wertvolle Qualifikationen verlorengehen oder nicht mehr erworben werden. Damit aber wächst die Abhängigkeit des Arbeitnehmers von seinem jeweiligen Arbeitsplatz oder Beruf. Spezialisierung verstärkt immer die berufliche Abhängigkeit. Deshalb sollte sie von soliden fachlichen Grundfertigkeiten abgestützt sein.

Qualifikationen, die vielseitig verwertet und als Grundlage für berufliche Weiterbildung eingesetzt werden können, sind »Basisqualifikationen«. Hierzu zählen auch Fähigkeiten, die dem Bereich der Allgemeinbildung zugeordnet werden und an sich Voraussetzung für selbständiges persönliches Handeln sind: z. B. schriftliche und sprachliche Ausdrucksfähigkeit, Umgang mit Menschen, mathematisch/naturwissenschaftliche Fertigkeiten; die Fähigkeit, Entscheidungen zu treffen, Informationen zu verarbeiten, Probleme zu erkennen und Konflikte zu bewältigen.

Besonders wichtige berufliche Fähigkeiten sind sogenannte *Schlüsselqualifikationen*, nämlich

- die Fähigkeit, ein Problem am Arbeitsplatz oder im Beruf zu erkennen und selbständig Lösungen zu entwickeln bzw. mit anderen zusammen zu erarbeiten
- die Fähigkeit, Informationen selbst einzuholen (zu erfragen) und auszuwerten (von wem ist die Information, was ist sie wert, wie wichtig ist sie usw.)
- die Fähigkeit, unterschiedliche Aufgaben bzw. Probleme nach ihrer Bedeutung für den Arbeitsablauf zu ordnen und zu bestimmen, was in welcher Zeit und wie zu bewältigen ist
- die Fähigkeit, eine Aufgabe mit dem geringstmöglichen Aufwand an Zeit und Kraft zu bewältigen
- die Fähigkeit, fachliches Wissen und Können auf andere Aufgaben anzuwenden und zu übertragen

- die Fähigkeit, die Arbeit nach ihrer Bedeutung für mich selbst und für andere richtig zu beurteilen und in die persönliche Lebensplanung einzuordnen
- die Fähigkeit, mit anderen Personen zusammenzuarbeiten und gemeinsam ein Problem zu bewältigen
- die Fähigkeit, eine Entscheidung vorzubereiten, zu treffen und durchzusetzen (auswählen, bestimmen, beurteilen, werten, begründen, erklären)
- die Fähigkeit, berufliche Zusammenhänge am Arbeitsplatz zu erkennen (wofür, warum, von wem, für wen, wer ist betroffen, wer ist warum daran interessiert)
- die Fähigkeit, sich gezielt fachliches Wissen und Können anzueignen, weiterzuentwicklen und berufliche Erfahrungen für die künftige Arbeit zu verwerten (Lernen lernen)
- die Fähigkeit, berufliches Grundwissen, also berufliche Allgemeinbildung (siehe auch Berufsgrundbildung), auf verschiedene berufliche Bereiche übertragen zu können.

Um diese Fähigkeiten entwickeln, erhalten oder steigern zu können, ist Voraussetzung,

- daß ich selbstbewußt bin, mir etwas zutraue, ohne überheblich zu sein, bzw. ohne meine Leistungsfähigkeit zu überschätzen
- daß ich persönliche Ziele beharrlich verfolgen und mich durchsetzen kann ohne zu verkennen, daß jede Person zurecht und zuerst seine eigenen Interessen vertritt (ich weiß, was ich will – weiß aber auch, daß andere dies möglicherweise auch wollen oder etwas anderes für wichtiger halten)
- daß ich Belastungen beruflicher oder persönlicher Art standhalten, sie aber auch selbst abwenden oder abbauen kann
- daß ich Phantasie, also Vorstellungskraft und Ideen, entwickeln kann
- daß ich Konflikte, also Meinungsverschiedenheiten und widerstreitende Interessen, ertragen und in angemessener (toleranter) Weise austragen kann
- die Fähigkeit, seine beruflichen und persönlichen Interessen sich selbst und anderen deutlich machen und überzeugend darlegen zu können, sowie sich allgemein mündlich und schriftlich ausdrücken und so Kontakte herstellen und nutzen zu können
- daß ich meine berufliche Tätigkeit als sinnvollen Teil meiner Lebensplanung anerkennen, gestalten oder zumindest für andere sinnvolle Lebensziele einsetzen kann
- daß ich bereit und in der Lage bin, berufliche Verantwortung zu übernehmen oder diese Fähigkeit anstrebe – gegebenenfalls

auch mit Hilfe eines neuen Berufes oder einer anderen beruflichen Ausbildung (Fortbildung und Umschulung).
Bei der Berufswahl wird der Begriff Qualifikation oft anstelle von Eignung verwendet. In diesem Zusammenhang wird Qualifikation dann verstanden als die Fähigkeit, mit den Anforderungen in bestimmten Berufen oder Tätigkeiten fertig zu werden. Diese Festlegung auf bestimmte Qualifikationen geht oft auch von der Person des Ratsuchenden aus, etwa wenn er fragt: »Was muß ich lernen bzw. welche Kenntnisse und Fertigkeiten muß ich besitzen, um den Beruf »Bankkaufmann« ausüben zu können?«
Qualifikation kann aber auch aus entgegengesetzter Sicht bestimmt werden: »Wenn Du den Beruf X erlernst, erwirbst Du diese und jene berufliche Qualifikation!«

Typische Fragen zur Eignungsprüfung bei Einstellungen

Ermittelt werden Merkmale zur Person, Kenntnisse und Grundfertigkeiten.
Zur Person: Gefragt wird immer nach
Geschlecht/Alter/Familienstand/Gesundheitszustand (Körpergröße, Gewicht),

- aus dem Familienstand wird auf die Bereitschaft oder Fähigkeit etwa zur Überstundenleistung und zu auswärtiger Tätigkeit etc. geschlossen.
- aus dem Alter wird (wie zum Teil auch aus dem Geschlecht) ebenso wie aus dem Gesundheitszustand die körperliche Leistungsfähigkeit abgeleitet.

Soweit besondere Belastungen am Arbeitsplatz üblich sind oder besondere Anforderungen an bestimmte körperliche Fähigkeiten gestellt werden – wie etwa Sehvermögen, Gehör –, wird meist auch eine ärztliche Untersuchung vorgenommen.
Zu den Kenntnissen: Erfragt werden üblicherweise Schulbildung, Berufsausbildung/Weiterbildung, Berufserfahrung, Fremdsprachen, sonstige spezielle Kenntnisse (etwa Steno, EDV etc.).
Andere Merkmale der Qualifikation (insbes. Grundfertigkeiten) werden oftmals über Tests (sogenannte Intelligenz-, Leistungs- oder Begabungstests) bestimmter Fähigkeiten erhoben.
Einige dieser Merkmale sind:
Organisationstalent, Rechenfertigkeit, künstlerische oder gestalterische Fähigkeiten, Ausdauer und Geduld, Konzentration, Sorgfalt, sprachliche Ausdrucksfähigkeit, Leistungsbereitschaft, Anpassungsfähigkeit, manuelle Fertigkeiten, technisches Verständnis.

TEIL II

Berufliche Ausbildung und Weiterbildung

Berufslaufbahn

Berufliche Entscheidungen sind zwar immer auf die Zukunft gerichtet, im Ergebnis aber von der Gegenwart abhängig. Deshalb kann jede Berufswahl heute gut und morgen schon wieder zweifelhaft sein! Der normale Ausweg ist in solchen Situationen die Verwertbarkeit der erworbenen beruflichen Kenntnisse und Fertigkeiten in einem anderen Beruf, auf einem anderen Arbeitsplatz, in einer neuen Position oder in einem anderen Betrieb. Fortbildung und Umschulung sind besonders qualifizierte Grundlagen für berufliche Veränderungen!

Aufsteigen	oder	Umsteigen	IV.
– im Betrieb – über eine Fortbildungsprüfung – Meisterschule – Fachschulen – Spezialisierung – Nachholen von Schulabschlüssen		– bei gleicher Ausbildung in andere berufliche Tätigkeiten (z. B. ein Schlosser wird Hausmeister, ein Rechtsanwalt wird Verwaltungsbeamter) – Erlernen eines neuen Berufes (Umschulung)	Jede Berufsentscheidung kann überprüft, korrigiert und fortgeführt oder geändert werden! III. Jede Ausbildung eröffnet Zugänge zu verschiedenen beruflichen Tätigkeiten!

Berufe: im Handwerk, in der Industrie, im Handel und Verkehrsgewerbe, in Verwaltungen, in freien Berufen, im Baugewerbe, im Gesundheitswesen, im Sozialbereich, in der Energiewirtschaft, in der Land- und Forstwirtschaft, in Banken und Versicherungen!
Tätigkeiten: in ausführender, weisungsgebender, leitender Position, mehr körperliche oder geistige Anforderungen (theoretisch oder praktisch); verwalten, planen, gestalten, beraten, lehren, betreuen; Büro, Fabrik, Schalter, im Freien!
Status: Arbeiter, Angestellter, Beamter, Selbständiger!

II. Wege der beruflichen Ausbildung

Berufsausbildung im Betrieb, in der Berufsfachschule, an der Fachhochschule, Hochschule oder Universität

Ausbildungswege: Betriebliche Berufsausbildung: 450 anerkannte Ausbildungsberufe/technische und medizinische Hilfs- bzw. Assistentenberufe. – Berufsfachschulen: in einigen anerkannten Ausbildungsberufen (abhängig vom Wohnort/Schulangebot). – Fachhochschulen: praxisorientierte Ausbildung in hochschulmäßiger Form, z. B. auch für öffentlichen Dienst/Beamtenlaufbahn. – Hochschulen/Universitäten/Akademien.

Berufsbereiche: Sozialberufe (pflegen, betreuen, beraten); journalistische, pädagogische bzw. informierende Berufe, naturwissenschaftlich-technische oder handwerkliche Berufe, kaufmännische Berufe, medizinische Berufe (einschl. der Assistenzberufe), künstlerisch / gestaltende Berufe, Berufe in Verwaltungen (öffentlicher Dienst), Banken / Versicherungen; land- und forstwirtschaftliche Berufe

I. persönliche Grundlage der Berufswahl (Interessen und Fähigkeiten)

Schule: Grundschule → Hauptschule/Realschule/Gymnasium
Soziale Herkunft: Familie/Freunde/Bekannte
Sonstiges: Alter, Gesundheit, Wohnort

Die berufliche Ausbildung

Unter beruflicher Ausbildung ist die systematische Vorbereitung auf eine berufliche Tätigkeit zu verstehen.
Das bedeutet: Auch Berufsausbildung ist Erziehung; sie formt und prägt Menschen. Ihr Ziel ist es, Arbeitnehmereigenschaften zu vermitteln.
Üblicherweise wird von beruflicher Ausbildung dann gesprochen, wenn es sich um praxisbezogene Ausbildungsgänge unterhalb eines Studiums an einer Fachhochschule, Hochschule oder Universität handelt.
Die Ausbildungen in schulischer Form werden als Studium bezeichnet.
Der entscheidende Unterschied zwischen der beruflichen Ausbildung eines Haupt- oder Realschülers und dem Studium eines Abiturienten ist nicht allein in dem Alter des Lernenden oder in der Dauer der Ausbildung zu sehen. Er liegt vielmehr darin begründet, daß berufliche Ausbildungen in Betrieben und Berufsfachschulen streng auf die anschließende praktische Berufstätigkeit mit verhältnismäßig schmalen beruflichen Fachkenntnissen hinführen. Das Studium dagegen ist ähnlich breit angelegt wie die vorangegangene gymnasiale Schulbildung und führt meist sehr spät zu praxisbezogenen, unmittelbar verwertbaren Fachkenntnissen. Dies ist auch einer der wichtigsten Gründe dafür, daß Studien zeitlich meist länger dauern als berufliche Ausbildungen in Betrieben oder gar in Berufsfachschulen.
Der Vorteil breit angelegter und nicht zu früh auf bestimmte berufliche Tätigkeiten hinführender Ausbildungen ist darin zu sehen, daß eine breite Grundlage an beruflich allgemein verwertbaren Kenntnissen und Fertigkeiten (Fähigkeiten) lebenslang die Chance erhält, sich fortzuentwickeln. Jede Spezialisierung, vor allem in sehr jungen Jahren, gibt zwar ein erhöhtes Selbstbewußtsein in seine beruflichen, klar darstellbaren und verwertbaren Fähigkeiten, legt einen aber auch stark fest auf diese vertrauten und deshalb

hochgeschätzten Kenntnisse und Fertigkeiten. Spezialisierung macht sicher, bindet aber auch an die Risiken des Arbeitsplatzes. Sehr klar berufsbezogene Ausbildungsgänge sind an der »Praxis« orientiert, wie etwa die Fachhochschulstudiengänge, die Lehrerausbildung, das Ingenieurstudium und die Ausbildung der Mediziner. Nicht umsonst werden diese Studiengänge auch von Personen bevorzugt, die schon sehr früh eine klare Vorstellung davon haben, was sie einmal »werden« wollen! Andere wiederum, die sich nicht oder noch nicht »festlegen« möchten, entscheiden sich häufig für Ausbildungen, die auch später noch eine berufliche Entscheidung erlauben. Deshalb sind ja auch besonders beliebt etwa die Studienfächer Jura und Volkswirtschaft. Im betrieblichen Anforderungsbereich trifft dies auf Mechaniker, Elektriker, Schlosser, Schreiner/Tischler, Kaufmann zu.

Worin unterscheiden sich nun Hauptschul-, Realschul-, Fachoberschulabgänger und Abiturienten bei der Wahl des Ausbildungsplatzes?

Die wichtigsten Unterschiede sind folgende:

- Hauptschüler und Realschüler sind bei der Wahl der Ausbildungsplätze auf bestimmte Berufslaufbahnen festgelegt. Sie können nur solche Ausbildungen wählen, die keine höheren Schulabschlüsse als Zugangsvoraussetzungen verlangen (siehe aber Fortbildung).

- Der Abiturient und – mit Einschränkungen – der Fachoberschüler kann sowohl Ausbildungsplätze für Haupt- und Realschüler als auch Studienplätze wählen.

- Haupt- und Realschüler sind jünger und deshalb bei ihren Berufswahlentscheidungen meist abhängiger von Einflüssen als Abiturienten.

- Haupt- und Realschüler legen sich bei der Wahl des Ausbildungsberufes in aller Regel weit stärker auf spätere Berufe fest als Abiturienten bei der Wahl eines Studienfaches (Ausnahmen etwa bei Medizin, Lehrer).

- Haupt- und Realschüler können meist nur über sehr zeitaufwendige und anstrengende Umwege im Beruf aufsteigen oder andere Berufe ergreifen (z. B. zweiter Bildungsweg).

- Haupt- und Realschüler werden nach Abschluß ihrer Ausbildung in sehr jungen Lebensjahren (18./19. Lebensjahr) beruflich fest in das Arbeitsleben eingegliedert. Dies erschwert die Chancen zur Orientierung im Arbeitsleben und begünstigt eine zu frühe Festlegung auf den Beruf. Andererseits verleiht dies aber auch Sicherheit und Selbstvertrauen.

- Abiturienten erwerben während der Schulausbildung und im Studium in großer Zahl Fertigkeiten in wichtigen Schlüssel- bzw. Grundqualifikationen, die für das gesamte Berufsleben von Bedeutung sind: z. B. Probleme erkennen und analysieren, Informationen sammeln und auswerten, Entscheidungsprozesse handhaben, sich mündlich und schriftlich ausdrücken können, Teamarbeit, Fremdsprachen, Einblicke in gesellschaftliche Zusammenhänge.

Das alles spricht im Zweifel wieder dafür, lieber die Schulausbildung zu verbreitern und zu verbessern, als sich für eine frühe Berufsausbildung zu entscheiden, die man an sich gar nicht will oder nur wählt, weil man nichts Besseres kennt.

Allerdings ist der weitere Weg auf der Schule, bei Hauptschülern also hin zur mittleren Reife und bei Realschülern etwa zur Fachhochschulreife oder zum Abitur, oft abhängig von Noten oder von Berufsabschlüssen. Aber lieber sollten Umwege in Kauf genommen und Hürden überwunden werden, als einen Beruf nur widerwillig zeit seines Lebens auszuüben.

Hinzu kommt noch folgende allgemeine Erfahrung:

- Das Studium ist im Grunde die logische Fortführung der Schule. Studium bedeutet lernen für sich, für den angestrebten beruflichen Zweck auf einer fachlich breiten Grundlage in persönlich relativ unabhängiger Position gegenüber den Lehrern.

- Berufliche Ausbildung im Betrieb ist immer verbunden mit einem übergangslosen Wechsel in die Welt der Erwachsenen. Sie erzwingt die konsequente Einübung von Arbeitstugenden wie Pünktlichkeit, Zuverlässigkeit, Leistungsbereitschaft und Anpassungsfähigkeit.

Die verschiedenen Schulabschlüsse eröffnen folgende Zugänge zur Ausbildung:

- der Hauptschulabschluß führt zuerst zur beruflichen Ausbildung auf einem betrieblichen Ausbildungsplatz (siehe 450 anerkannte Ausbildungsberufe) oder in einer Berufsfachschule (z. B. für Krankenpflegehelferin).

- der Realschulabschluß (mittlere Reife) ermöglicht sowohl die Berufsausbildung in einer betrieblichen Ausbildung oder in einer Berufsfachschule, als auch in eine weiterführende Schule (Gymnasium, Fachoberschule) überzutreten. Die mittlere Reife ermöglicht zudem nach oder während einer Berufsausbildung den Besuch einer Fachschule (z. B. für Techniker).

- Hauptschulabschluß und Realschulabschluß ermöglichen zwar – unter zum Teil sehr schwierigen Bedingungen – grundsätzlich den Weg zum Studium an Fachhochschulen und sogar an Hochschulen. Gerade für Hauptschüler ist dies aber ein sehr dornenvoller und energiefressender Weg zum gesellschaftlichen und beruflichen Aufstieg.

- das Abitur ist noch immer der einzig direkte Weg (Zugang) zu einem Studium und damit zu qualifizierten und sozial besonders geschätzten beruflichen Positionen. Das Abitur erlaubt jede Form der beruflichen Ausbildung: betriebliche Lehre, Berufsfachschule, Studium an Fachhochschulen und Hochschulen. Für Abiturienten kann es sinnvoll sein, vor einem Studium erst eine Berufsausbildung abzuleisten oder überhaupt nicht zu studieren. Viele Berufe, die kein Studium voraussetzen, haben sich in der Praxis zu typischen Abiturienten-Berufen entwickelt, also zu Alternativen zum Studium (z. B. Logopädin, medizinische Hilfsberufe, Bankkaufmann). Einige interessante Berufe wurden über die Neuregelung der Zugangsvoraussetzungen anderen Schulabgängern versperrt und für Abiturienten reserviert: Dies gilt insbesondere für die in den letzten Jahren neugeschaffenen Fachhochschulen. Während bis vor wenigen Jahren die heute über die Ausbildung an Fachhochschulen erreichbaren Berufe auch von Realschulabängern erlernt werden konnten (z. B. nach vorheriger Berufsausbildung), ist dies nunmehr nur noch für Abiturienten bzw. Fachoberschul-Absolventen möglich. Dies gilt auch für die Beamtenlaufbahnen im öffentlichen Dienst, für viele Sozialberufe, für Ingenieur- und Kunstausbildungen.

Durchlässigkeit des Bildungssystems und Aufstieg im Beruf sind also zunehmend nur noch über Umwege in Form weiterer schulischer Ausbildungen oder über längere Ausbildungszeiten gewährleistet. Diese Entwicklung erschwert die Überschaubarkeit, da es sich meistens um Regelungen einzelner Länder handelt, die nicht nur unterschiedliche Schulpolitik betreiben, sondern auch ihre eigenen Bezeichnungen verwenden.

Zusammenfassend ist also festzustellen:

Die Hauptschule führt immer zuerst zu einer Berufsausbildung (im Betrieb oder in Berufsfachschulen). Während oder nach der Berufsausbildung können weiterführende Schulen besucht werden – wie Berufsaufbauschulen oder Abendrealschulen, die zur mittleren Reife und damit zum Besuch weiterführender Schulen – wie Fachoberschule – berechtigen. Grundsätzlich ist auch so ein – mühevoller – Weg bis zur Studienberechtigung möglich.

Die Realschule führt über die mittlere Reife zu einer Berufsausbildung (wie Hauptschule). Gleichzeitig eröffnet sie direkte Wege zum Besuch weiterführender Schulen und damit zum Erwerb der Studienberechtigung. Die Realschule ist ein wichtiges Sprungbrett für Aufstiegsberufe.

Der Vorteil der Realschule gegenüber der Hauptschule besteht vor allem darin, daß Schüler mit mittlerer Reife bessere Chancen, also Konkurrenzvorteile, bei bestimmten, sehr begehrten Ausbildungsberufen haben. Hierzu gehören vor allem alle kaufmännischen und Büroberufe sowie die Assistenzberufe bei Rechtsanwälten, Ärzten und Steuerberatern. Die Realschule befähigt außerdem zusammen mit einer abgeschlossenen Berufsausbildung zur qualifizierten beruflichen Weiterbildung etwa an Fachschulen (Techniker, Betriebswirt).

Das Abitur (einschließlich des fachgebundenen Abiturs) berechtigt zum Studium und ermöglicht selbstverständlich jede andere Art der Berufsausbildung. Es sichert Konkurrenzvorteile gegenüber Haupt- und Realschülern.

Zukunftssichere Berufe gibt es nicht! Deshalb ist immer die Ausbildung am besten für mich, die mir die meisten Chancen zum Aufstieg oder Wechsel im Beruf eröffnet!

Eine gute Berufsausbildung muß

- *fachlich breit angelegt sein,* um eine zu frühe und einseitige Spezialisierung im Beruf zu vermeiden

- *fachlich tief gegliedert sein,* darf also nicht oberflächlich betrieben werden, um berufliche Kenntnisse und Fertigkeiten gründlich zu vermitteln

- *zukunftsbezogen sein,* um die notwendigen beruflichen Fähigkeiten an den Anforderungen der technologischen und wirtschaftlichen Entwicklung ausrichten zu können.

Berufsausbildung ist streng zweckbezogene Erziehung! Sie will zu Fähigkeiten, Einstellungen und Verhalten erziehen, die im Beruf und am Arbeitsplatz benötigt und von einem Arbeitnehmer erwartet werden. Deshalb macht es – unabhängig von der fachlichen Qualität der Ausbildung – doch einen großen Unterschied, ob die Ausbildung junger Menschen im Betrieb, also vor Ort, und unter den im Arbeitsleben üblichen Bedingungen stattfindet, oder in einer Schule, gewissermaßen in einem gesellschaftlich geschützten Freiraum! – »Die werden Dir Deine Flausen schon austreiben!« – Die in einer betrieblichen Ausbildung gewonnene fachliche und persönliche Anpassungsfähigkeit eines Arbeitnehmers wird von den Unternehmen sehr geschätzt. Insbesondere betrieblich ausgebildete Arbeitskräfte können sich nämlich schneller, reibungsloser und damit ergiebiger in den Produktionsprozeß einordnen als Personen, die ohne Ausbildung oder in einer schulischen Ausbildung eventuell andere Wertvorstellungen und Verhaltensweisen entwickelt haben.

Auch aus diesem Grunde werden ausgebildete Arbeitskräfte bevorzugt, selbst dann, wenn sie »berufsfremde« Fachkenntnisse erworben haben.

Berufliche Ausbildungsmöglichkeiten für Hauptschüler

Die beste Ausbildung ist gerade gut genug! Im Zweifel ist immer die Ausbildung die beste, für die ich mich am meisten interessiere! Aber Vorurteile und Unwissenheit sind schlechte Ratgeber!

Betriebliche und schulische Ausbildungsformen
Nach Abschluß der Hauptschule kann eine Berufsausbildung auf zwei Arten abgeleistet werden:
1. als *betriebliche Ausbildung* bei gleichzeitigem Besuch einer Berufsschule oder
2. als *schulische Ausbildung* in einer Berufsfachschule.

Der betrieblichen Ausbildung ist in vielen Berufen bereits ein Berufsgrundbildungsjahr oder ein Berufsgrundschuljahr*) als Vollzeitunterricht an der Berufsschule vorgeschaltet. Es wird auf die Dauer der Berufsausbildung angerechnet. Die meisten der 450 anerkannten Ausbildungsberufe werden in betrieblichen Ausbildungen mit oder ohne Berufsgrundbildungsjahr vermittelt. Neben den anerkannten Ausbildungsberufen gibt es noch einige Berufe, die aufgrund von gesetzlichen Regelungen an ein- oder mehrjährigen Berufsfachschulen erlernt werden können. Hierzu zählen auch viele Assistenzberufe, wie etwa Krankenpflegehelferin.

Im Gegensatz zu Berufen, die an Berufsfachschulen, Fachschulen, Fachhochschulen oder Hochschulen erlernt werden können, ist für die anerkannten Ausbildungsberufe rechtlich keine bestimmte Schulbildung vorgeschrieben.

Die 450 anerkannten Ausbildungsberufe sind in der Anlage abgedruckt (s. S. 181).

In den anerkannten Ausbildungsberufen wird die weitaus größte Zahl der Abgänger von Hauptschulen und Realschulen ausgebildet.

---

*) die Bezeichnung ist nach Bundesländern teilweise unterschiedlich. In Bayern gibt es noch die Sonderform eines kooperativen Berufsgrundschuljahres.

Berufsgrundbildungs- oder Berufsgrundschuljahr

Um den Berufsschulunterricht mit der betrieblichen Ausbildung besser abstimmen zu können und auch, um die für viele Berufe einheitlichen beruflichen Grundkenntnisse in Theorie und Praxis besser vermitteln zu können, wurden von den Kultusministerien der Bundesländer insgesamt 13 Berufsfelder erarbeitet. Sie werden der Berufsgrundbildung an den Berufsschulen zugrunde gelegt. Alle anerkannten Ausbildungsberufe sollen diesen Berufsfeldern zugeordnet werden. Bisher ist dies erst für gut die Hälfte verwirklicht worden. Für die übrigen Berufe bleibt es vorerst bei der üblichen dualen Ausbildung; d. h., daß die gesamte Ausbildung im Betrieb und begleitend an der Berufsschule abgeleistet wird.

Die 13 Berufsfelder sind:

① *Wirtschaft und Verwaltung:* hierzu gehören insbesondere alle kaufmännischen und Büro-Berufe (bisher sind 25 Berufe zugeordnet).

② *Metalltechnik:* es sind dies vornehmlich die Mechaniker- und Schlosser-Berufe (bisher sind 77 Berufe zugeordnet).

③ *Elektrotechnik:* insbesondere Elektroinstallateure, Elektro- und Büromaschinenmechaniker, Radio- und Fernsehtechniker (bisher sind 20 Berufe zugeordnet).

④ *Bautechnik:* alle wichtigen Bauberufe wie Maurer, Zimmerer, Straßenbauer, Fliesenleger (bisher sind 25 Berufe zugeordnet).

⑤ *Holztechnik:* 10 Berufe gehören bisher dazu – Böttcher, Bootsbauer, Fahrzeuggestellmacher, Holzflugzeugbauer, Holzmechaniker, Modellbauer, Modelltischler, Schiffszimmerer, Tischler, Wagner.

⑥ *Textiltechnik und Bekleidung:* 6 Berufe gehören bisher zu diesem Berufsfeld: Bekleidungsfertiger, Bekleidungsschneider, Damenschneider, Herrenschneider, Wäscheschneider, Modistin.

⑦ *Chemie, Physik, Biologie:* hierunter fallen insbesondere alle Laboranten-Berufe, die Chemiefacharbeiter und Galvaniseure (bisher wurden 16 Berufe zugeordnet).

⑧ *Drucktechnik:* Es sind die in den Druckereien gängigen Berufe wie beispielsweise Buchbinder, Drucker, Schriftsetzer, Heimdrucker, Druckvorlagenhersteller, Druckformhersteller (insgesamt sind 15 Berufe zugeordnet).

⑨ *Farbtechnik und Raumgestaltung:* Die bisher 9 hier eingereihten Berufe sind – Fahrzeugpolsterer, Lackierer, Maler und Lackierer, Parkettleger, Polsterer, Raumausstatter, Schaufenstergestalter / Schauwerbegestalter, Schilder- und Lichtreklamehersteller, Vergolder.

⑩ *Gesundheit:* Hier sind noch keine Berufe eingeordnet worden. Insbesondere werden es die medizinischen Hilfsberufe sein müssen wie Apotheken-, Arzt-, Zahnarzt-Helferin usw.

⑪ *Körperpflege:* Bisher gehört nur der Friseur dazu.

⑫ *Ernährung und Hauswirtschaft:* Insgesamt sind bisher 13 Berufe aus dem Bereich der Hotel- und Gaststättenberufe, der Back- und Süßwarenherstellung sowie der Fleischbearbeitung hier eingereiht, z. B. Koch, Hotel- und Gaststättengehilfe, Bäcker, Bonbonmacher, Fleischer (Metzger), Verkäuferin im Nahrungsmittelhandwerk.

⑬ *Agrarwirtschaft:* Es sind 9 Berufe – Landwirt, Tierwirt, Pferdewirt, Fischwirt, Berufsjäger, Florist, Forstwirt, Gärtner, Winzer.

Manche Berufe sind deshalb noch nicht einem Berufsfeld zugeordnet, weil die Ausbildung sehr fachbezogen abläuft. Beispiele dafür sind etwa der Augenoptiker, Musikinstrumentenhersteller, Zahntechniker.

Welche Berufe im einzelnen bereits in Form eines Berufsgrundbildungsjahres/Berufsgrundschuljahres oder in herkömmlicher Weise ausgebildet werden, können mit Sicherheit der Beratungslehrer an der Schule und der Berufsberater sagen. Dies gilt auch für die Frage, wie der Unterricht im Berufsgrundbildungsjahr im einzelnen geregelt ist (Theorie und Praxis), ob ein Ausbildungsvertrag bereits abgeschlossen sein muß, ob dieses Jahr Berufsgrundbildung auf die Ausbildung angerechnet wird usw.

Wichtig ist auch, daß mit dem Besuch des Berufsgrundschul- bzw. -bildungsjahres auch der Hauptschulabschluß nachgeholt werden kann.

Berufsfachschulen

Einige Ausbildungen können nur an Berufsfachschulen abgeleistet werden. Es gibt Berufsfachschulen für Wirtschaftsberufe, gewerbliche, ländliche, hauswirtschaftliche, technische und für nichtärztliche Heilberufe (z. B. Krankenpflegehelferin). Bei den Berufsfachschulen ist zwischen ein- und zwei- oder dreijährigen Berufsfachschulen zu unterscheiden. Außerdem sind die Zugangsvoraussetzungen unterschiedlich: Einige Ausbildungsgänge (meist die mehrjährigen) verlangen den Realschulabschluß. Andererseits gibt es die Möglichkeit, mit dem Besuch einer Berufsfachschule auch noch den Hauptschulabschluß nachzuholen oder die mittlere Reife zu erwerben.

Berufsfachschulen, in denen auch Hauptschüler in schulischer Form ausgebildet werden, sind vor allem die Berufsfachschulen*)

- für Krankenpflegehelfer Kinderkrankenpflegehelfer — führt auch zur Berufsfachschule für Krankenpflege (Krankenschwester, Krankenpfleger)
- für Maschinenbau — dreijährig, Ausleseverfahren und nur an wenigen Orten eingerichtet!

    Elektrotechnik — „
    Holz-, Geigenbau — „
    Korbflechterei — „
    Glas, Schmuck, Keramik — „
    Bekleidungstechnik — „

- für Metall Elektro — in zweijähriger Form, Abschluß der Berufsausbildung erfolgt im dritten Jahr im Betrieb (nur an wenigen Orten möglich)

- für kaufmännische Berufe — sehr unterschiedlich geregelt, meist Dauer zwei Jahre, führt zur Bürogehilfin; bei einjähriger Schule evtl. Handelsschulabschluß (mittlere Reife).

---

*) Ist von Bundesland zu Bundesland verschieden! Bitte, Beratungslehrer der Schule oder Berufsberater fragen!

- für hauswirtschaftliche Berufe
  – je nach Abschluß ein- oder zweijährige Dauer; Abschluß ev. geprüfte Hauswirtschafterin, nachträglicher Erwerb der mittleren Reife möglich
- für Massage
  – Ausleseverfahren; praktisch vorberufliche Erfahrung erwünscht
- für Berufe des Hotel- und Gastgewerbes
  – Dauer 1 bis 3 Jahre je nach Ausbildungsziel
- für künstlerische und musische Berufe
  – z. B. Musikschulen, Tanzschulen etc.

Wegen der unterschiedlichen Regelungen von Bundesland zu Bundesland ist auch hier wieder zu empfehlen, daß gezielte Auskünfte beim Berufsberater oder beim Beratungslehrer eingeholt werden.

Berufsaufbauschule

Für Hauptschüler, die während der Berufsausbildung noch die mittlere Reife (Realschulabschluß) erwerben wollen, ist besonders auf die Berufsaufbauschule hinzuweisen.

Sie wird in zwei Formen angeboten: während der Berufsausbildung als Teilzeitschule (z. B. samstags) oder nach der Berufsausbildung als Vollzeitschule.

Auch hier: Berufsberater oder Beratungslehrer fragen!

Übrigens: Hauptschulabschluß oder mittlere Reife können auch »extern«, also über den Besuch freiwilliger, nichtschulischer Einrichtungen wie z. B. der Volkshochschule, nachgeholt werden. Hier entstehen jedoch Kosten!

Der Hauptschulabschluß ist vor allem dann wichtig, wenn man die Berufsaufbauschule oder bestimmte Berufsfachschulen und später Fachschulen besuchen will. Außerdem wird im öffentlichen Dienst von den Berufstätigen bzw. Auszubildenden der Hauptschulabschluß verlangt.

Berufe mit großer Konkurrenz

In einigen Ausbildungsberufen treffen Hauptschulabgänger auf eine harte Konkurrenz. Sie müssen sich gegen einen wachsenden Andrang von Realschülern und Gymnasiasten durchsetzen. In solchen Berufen haben es Hauptschüler erfahrungsgemäß sehr schwer. Wer dennoch einen dieser Berufe ergreifen will, kann dies nur über den Umweg einer nachgeholten mittleren Reife schaffen. Besonders geringe Chancen haben Hauptschüler in folgenden Berufen: Bankkaufmann, Buchhändler, Laborantenberufe (Physik-, Biologie-, Chemielaborant), Werkstoffprüfer, Druckvorlagenhersteller, elektrotechnische Berufe – Informationselektroniker, Energiegeräteelektroniker, Flugzeugmechaniker, Werkzeugmacher, Bürogehilfin, Bürokaufmann, Drogistin, Anwaltsgehilfin, Groß- und Außenhandelskaufmann.

Hilfen der Berufsberatung

Bei der Auswahl unter den für Hauptschulabgänger grundsätzlich möglichen 450 anerkannten Ausbildungsberufen und einigen Ausbildungsgängen an Berufsfachschulen kann besonders die Berufsberatung beim Arbeitsamt wertvolle Informations- und Entscheidungshilfe geben. Eine erste Vorbereitung und Orientierung ist auch mit Hilfe der in den Schulen ab der 8. Jahrgangsstufe kostenlos erhältlichen Broschüren der Berufsberatung möglich:

> »mach's richtig« für Hauptschulabgänger
> »Step« für Hauptschüler
> »Beruf aktuell«

Die Berufsberatung kann auch Eignungstests und ärztliche Untersuchungen veranlassen.

Berufsvorbereitung

Hauptschulabgänger, die sich noch nicht für eine Ausbildung entscheiden oder keinen geeigneten Ausbildungsplatz finden konnten, haben die Möglichkeit, einen *Grundausbildungslehrgang* zur Vorbereitung auf eine Berufsausbildung zu besuchen.
Der Besuch dieser Grundausbildungslehrgänge ist auch dann sehr sinnvoll, wenn gesundheitliche Gründe eine Ausbildung noch als zu früh erscheinen lassen.
Grundausbildungslehrgänge werden von den Arbeitsämtern gefördert. Die Teilnehmer erhalten eine Berufsausbildungsbeihilfe in Höhe von bis zu 350,– DM monatlich. Das Arbeitsamt trägt auch die sonstigen Kosten des Besuchs. Voraussetzung ist, daß der

Jugendliche von der Berufsberatung des Arbeitsamtes in den Lehrgang vermittelt wird.
Die *Grundausbildungslehrgänge* sind fachlich gegliedert nach Fachrichtung Metall oder Holz, Elektro oder Textil/Bekleidung oder Hauswirtschaft. Sie dauern ein Jahr; der Unterricht erfolgt in theoretischen Fächern und als praktische Tätigkeit in Werkstätten.
Wichtig: Rechtzeitig einen Beratungstermin bei der Berufsberatung (telefonisch) vereinbaren!

Nachholen der mittleren Reife

Niemand ist so schlau, als daß er nicht noch dazulernen könnte. Erfahrungen machen heißt, etwas bewußt wahrnehmen und daraus lernen.
Wer nach Abschluß der Hauptschule doch noch die mittlere Reife erlangen will, sollte sich rechtzeitig darüber informieren, unter welchen Bedingungen und wo das möglich ist.
Auskünfte erteilen der Beratungslehrer an der Schule, das Schulamt und die Berufsberatung beim Arbeitsamt.
Da die schulischen Bildungswege von Bundesland zu Bundesland unterschiedlich geregelt sind, diese Regelungen auch immer wieder geändert werden, die Bezeichnungen der Schulen und Abschlüsse voneinander abweichen und vor allem die am Wohnort vorhandenen Bildungseinrichtungen sehr verschieden sind, können nur allgemeine Hinweise gegeben werden:

Die mittlere Reife (Realschulabschluß) kann erlangt werden:
- über den Besuch von Berufsfachschulen
- über Berufsaufbauschulen (in einigen Bundesländern; zusätzliche Sonderregelung in Nordrhein-Westfalen)
- über Abend-Realschulen (berufsbegleitend)
- über eine externe Prüfung nach Vorbereitung in Sonderkursen

In vielen Fällen muß vorher eine Berufsausbildung abgeschlossen sein.
Die mittlere Reife wiederum eröffnet den Weg in bestimmte Ausbildungen an Berufsfachschulen und Fortbildungsgänge an Fachschulen. Sie kann auch als Einstieg für den weiteren Besuch einer Fachoberschule, eines Fachgymnasiums oder eines beruflichen Gymnasiums dienen.
Wichtige Hinweise enthält auch das Heft der Berufsberatung »mach's richtig« für alle Hauptschulabgänger!

Berufliche Ausbildungsmöglichkeiten als Realschüler

Realschulabgängern mit mittlerer Reife stehen im wesentlichen drei Möglichkeiten offen:

1. eine berufliche Ausbildung in Betrieb und Berufsschule in einem der 450 anerkannten Ausbildungsberufe
2. eine Berufsausbildung in Berufsfachschulen/Berufskollegs
3. der Besuch einer weiterführenden Schule zur Erlangung der Fachhochschulreife, fachgebundenen Hochschulreife oder des Abiturs.

Die berufliche Ausbildung in einem anerkannten Ausbildungsberuf oder an einer Berufsfachschule kann gerade für Realschüler die Basis für einen planmäßigen beruflichen Aufstieg, etwa über den anschließenden Besuch einer Fachschule oder Fachakademie und später einer Fachhochschule, sein. Die Ausbildung ist nur der Einstieg in das Berufsleben. Deshalb mit der Wahl der Ausbildung auch nach den beruflichen Aufstiegs- und Fortbildungsmöglichkeiten fragen!
Eine Ausbildung dauert nur drei, ein Berufsleben aber mindestens 40 Jahre!
Beispiel: Realschulabschluß, Maurer, Maurermeister, Fachakademie für Bauwesen und Abschluß als staatlich geprüfter Bauleiter und Verleihung der fachgebundenen Fachhochschul- oder gar Hochschulreife mit Studium zum Bauingenieur.
Die berufliche Ausbildung ist in einigen Fällen auch notwendige Voraussetzung für den Besuch weiterführender Schulen (z. B. Berufsoberschule in Bayern, Technische Oberschule in Baden-Württemberg).
Für Realschulabgänger ist auch besonders attraktiv der Besuch solcher Berufsfachschulen, an denen in Berufen ausgebildet wird, die in betrieblicher Form nicht oder nur sehr selten erlernt werden können: z. B. Photographie, Graphik und Werbung, technische

Assistenzberufe (etwa medizinisch-technische Assistentin), Ingenieurassistentin, chemisch-technische Assistenten(-in), Krankenpflege, Kinderkrankenpflege, Beschäftigungs- und Arbeitstherapeutin, Diätassistentin, Orthoptisten, Fremdsprachenberufe (Korrespondenten); Schauspiel-, Musik-, Kunst-Schulen.
Die Ausbildung dauert je nach Beruf zwischen 2 und 3 Jahre.
Der Besuch wird nach den Bestimmungen des Bundesausbildungsförderungsgesetzes von den Ämtern für Ausbildungsförderung finanziell unterstützt.
Wegen der betrieblichen Ausbildung in einem anerkannten Ausbildungsberuf wird auf das Kapitel »Berufliche Ausbildungsmöglichkeiten für Hauptschüler« verwiesen!

Berufliche Ausbildungsmöglichkeiten als Abiturient

Die Frage nach der richtigen beruflichen Ausbildung ist an sich nur noch die zwingende Konsequenz aus der vorangegangenen Entscheidung zur Berufswahl.
Das heißt: Wer Arzt, Ingenieur, Lehrer, Forscher, Jurist oder Architekt werden will, muß studieren.
Wer Kaufmann als Beruf anstrebt, kann dies über die betriebliche Ausbildung und spätere Fortbildung oder über ein Studium oder über betriebliche Ausbildung und anschließendes Studium erreichen.
Wer in einem sozialen Beruf tätig sein will – wie etwa Sozialpädagoge –, muß die Fachhochschule besuchen; vorher kann eine

---

Absolventen der wissenschaftlichen Hochschulen einschließlich der pädagogischen, Kunst- und Musikhochschulen sind in folgenden Berufen tätig:
(Stand 1978 – Quelle: Statistisches Bundesamt, Bundesanstalt für Arbeit)

Lehrer	44,7%
Ärzte, Zahnärzte, Tierärzte, Apotheker	14,9%
Ingenieure, Mathematiker, Naturwissenschaftler	8,0%
Unternehmer, Leitende Angestellte u. Beamte	6,4%
Fachkräfte im Büro/EDV, in Einkauf/Verkauf	6,3%
Richter, Staatsanwälte, Rechtsanwälte	5,0%
Wissenschaftler allgemein	5,9%
Seelsorger/Priester	2,7%
Journalisten, Dokumenteure, Künstler	2,4%
Sonstige Berufe	3,7%

Erwerbstätige Absolventen
insgesamt 1 383 000   =   100 %
Bisherige Untersuchungen bestätigen, daß sich ein Studium trotz erschwerter Startbedingungen lohnt.

Berufsfachschule besucht oder es können praktische Erfahrungen in einem Job gesammelt werden. Wer das Geschäft oder den Betrieb seiner Eltern übernehmen soll, der wird sich möglicherweise gleich für eine entsprechende Berufsausbildung in einem handwerklichen, technischen oder kaufmännischen Beruf entscheiden und die erforderliche Qualifikation als Betriebsleiter etwa über die Meisterprüfung oder einen entsprechenden Fachschulabschluß als Betriebswirt oder Techniker erwerben.

Wer studieren will, aber auf den gewünschten Studienplatz warten muß, der kann diese Zeit sinnvoll mit einer Berufsausbildung in einem handwerklichen oder kaufmännischen Beruf überbrücken.

Seit einigen Jahren wird immer häufiger und skeptischer die Frage gestellt, ob es sich überhaupt noch lohnt, zu studieren. Widerstreitende Parolen, Behauptungen und angeblich auch wissenschaftlich fundierte Untersuchungen verunsichern die Studienanwärter. Das Schlagwort vom akademischen Proletariat macht die Runde. Meist wird aufgezählt, was ein Studium kostet, wieviel Zeit verlorengeht, wie schwer es ist, einen gutbezahlten Arbeitsplatz oder gar einen Studienplatz zu finden. Andererseits würden doch auch Leute mit betrieblicher Ausbildung gut und vor allem viel schneller verdienen, sie erhielten schneller und leichter einen Arbeitsplatz, würden »praxisnäher« ausgebildet – und was es da sonst noch gibt!

Hier hilft nur eines: Selbst anschauen, wie die Ausbildungs- und Arbeitsplätze für Abiturienten als Bank-, Versicherungs- oder Industriekaufmann, Buchhändler, Datenverarbeitungs-Spezialist, Beamter im gehobenen Dienst oder Zahntechniker und Schreiner aussehen, was verdient wird, wann und wie man aufsteigen kann, welcher Arbeitseinsatz später für die berufliche Fortbildung nötig ist und was man lernt. Großfirmen bieten in wachsender Zahl »Alternativen« zum Studium an. Sie bilden z. B. Wirtschaftsassistenten, Handelsassistenten, mathematisch-technische Assistenten und Ingenieur-Assistentinnen aus. In den Bundesländern werden in Zusammenarbeit mit Großfirmen und den Wirtschaftskammern spezielle Berufsakademien wie in Baden-Württemberg und anerkannte Abschlüsse an den Verwaltungs- und Wirtschaftsakademien eingerichtet.

Es wurde auch untersucht, was diejenigen vom Studium halten, die ihre Examen abgelegt haben und berufstätig sind (siehe hierzu Ergebnisse einer Repräsentativbefragung 1979 unter erwerbstätigen Hochschulabsolventen des Instituts für Arbeitsmarkt- und Berufsforschung). Die Antworten sind recht positiv ausgefallen: 79% würden wieder studieren, wenn sie darüber nochmal zu entscheiden hätten, 17% würden wahrscheinlich wieder und nur 3% wür-

Ein Beispiel für die Einstellung der Wirtschaft
Was sich (Groß-)Unternehmen von ihrem qualifizierten Nachwuchs wünschen (aus »Streitsache: Akademikerbedarf« – Institut der Deutschen Wirtschaft):

- *Fähigkeiten*

    - Verhandlungs- und Verkaufsgeschick
    - Führungspotential
    - Bereitschaft zur Auslandstätigkeit
    - logisch-abstraktes und praxisnahes Denken
    - Kombinationsvermögen
    - analytisches und konzeptionelles Denken

- *Charakterliche Eigenschaften*

    - Kooperationsfähigkeit und -bereitschaft (Teamgeist)
    - Integrations- und Kontaktfähigkeit
    - Lehr- und Lernfähigkeit
    - Flexibilität und Mobilität
    - Initiative und Engagement (Aufgabenidentifizierung)
    - Anpassungsfähigkeit
    - positive Einstellung zum Leistungsprinzip (Leistungswille/Einsatzbereitschaft)
    - Fortbildungsbereitschaft
    - Entwicklungspotential

Die Unternehmen wählen also nicht nur nach Zeugnissen, Tests und Noten aus, sondern legen großen Wert auf persönliche Vorstellungsgespräche. Sie legen zusammenfassend besonderen Wert auf

- den Praxisbezug während des Studiums

- die Mobilitätsbereitschaft des Bewerbers

- die Weiterbildungsbereitschaft

- das Integrationsvermögen und die Identifikationsbereitschaft.

den nicht mehr studieren. Es zeigt sich auch, daß es nur wenige Arbeitsfelder gibt, die nach Einschätzung der Akademiker einem Nichtakademiker gleiche Arbeits- und Verdienstchancen bieten. Hierzu zählen vor allem die EDV- und einige organisatorische und kaufmännische Berufe, insbesondere soweit es sich um selbständige Tätigkeiten handelt.

Insgesamt zeigt sich auch, daß die Akademiker selbst bestreiten, daß sich ein Studium nicht mehr lohnt. Es eröffnet nach wie vor mehr Berufs- und Lebenschancen.

Im übrigen gilt, daß Studium wegen seiner umfassenden Wissensvermittlung – insbesondere in den sozial- und geisteswissenschaftlichen Fächern – noch immer weit mehr als nur Vorbereitung auf den Beruf ist!

Auch Führungspositionen erreicht man über ein Studium immer noch weit leichter als auf dem mühsamen Weg des beruflichen Aufstiegs (siehe hierzu auch o. a. Repräsentativbefragung in »UNI« 1980, Heft 2, S. 6ff; Bezugsquelle: siehe Anhang, S. 189). Ebenfalls viel geredet wird über die mittelfristigen Aussichten von Hochschulabgängern in den späten 80er und frühen 90er Jahren (siehe hierzu auch »UNI« 1980, Heft 10, S. 15ff.).

So schwierig es auch immer sein mag, den gewünschten Studienplatz zu erhalten, und so unzureichend die Ausbildungsbedingungen selbst sind, zusammengenommen gilt:

- Zum Studium gibt es keine gleichwertige Alternative.
  – Wer gern studieren will, soll dies auch tun! Rund 75% aller Abiturienten wollen studieren. –

- Die Frage lautet richtig: Was soll ich studieren?
  – Es gibt Studiengänge, die überfüllt sind, und solche, die Probleme beim Übergang in den Beruf haben – wie Lehrer, Sozialpädagogen, Politologen, Soziologen, Psychologen, Künstler und andere geisteswissenschaftliche Berufe. Und es gibt Berufe, die dringend Nachwuchs suchen – wie Ärzte, Ingenieure des Maschinen- und Fahrzeugbaus, Elektroingenieure und EDV-Berufe (z. B. Mathematiker, Physiker, Wirtschaftswissenschaftler). –

- Die beruflichen Eingliederungsprobleme von Hochschulabgängern werden Ende der 80er Jahre wachsen, weil dann der größte Berg an Studenten in die Beschäftigung hineinreicht. Aber diese

Probleme sind nicht typisch für Akademiker; im Bereich der betrieblichen Ausbildung haben sie nur schon Tradition.
– Je höher die Erwartungen in die Startchancen, um so schwieriger ist der Anfang! –

- Die absehbare technologische Entwicklung begünstigt die Arbeitskräfte mit qualifizierter und fachlich breit bzw. vielseitig verwendbarer Ausbildung. Rationalisierungsprozesse setzen aus technischen und wirtschaftlichen Gründen immer zuerst dort an, wo Quantität vorherrscht.
– Überqualifikation ist zwar persönlich frustrierend, aber beruflich das geringere Risiko. –

- Wenn Zweifel über die Studienabsichten bestehen, kann eine vorgeschaltete betriebliche Ausbildung oder eine Ausbildung an einer Berufsfachschule durchaus sinnvoll sein, insbesondere dann, wenn sie eine weitere berufliche Qualifizierung vorbereitet.
– Dieser Weg wird häufig bei handwerklichen Ausbildungen beschritten mit dem Berufsziel Innenarchitekt (Tischler), Zahnarzt (Zahntechniker). Viele gehen aber auch bewußt ihren persönlichen Interessen nach handwerklicher Arbeit nach, wollen in den elterlichen Betrieb einsteigen (Meistersöhne). Derzeit besitzen rund 4% aller Auszubildenden in Handwerksbetrieben das Abitur. –

Alternativen zum Studium

Mit der Einschränkung, daß ein Studium an Hochschulen, Universitäten und auch Fachhochschulen neben seiner späteren beruflichen Funktion auch persönlichkeitsbildende Bedeutung hat, bieten sich für Abiturienten folgende Ausbildungswege an:

1. Betriebliche Berufsausbildung wie bei Haupt- und Realschulabgängern.
Bevorzugt werden hier die Berufe: Kaufmann (Bank-, Industrie-, Versicherungs-, Groß- und Außenhandels-, Speditions-, Reiseverkehrs-, Bürokaufmann), Buchhändler, Gehilfe/in in wirtschafts- und steuerberatenden Berufen, öffentlicher Dienst (Fachhochschulausbildung als Beamter oder Angestelltenausbildung), Laborantin, Zahntechniker, Tischler, Gärtner, Radio- und Fernsehtechniker, Augenoptiker, Gehilfin bei Rechtsanwälten oder Notaren, Gold- und Silberschmied.

Diese Ausbildungsgänge können von der zuständigen Industrie- und Handelskammer für Auszubildende mit Hochschul- oder Fachhochschulreife auf Antrag bis zu 12 Monate verkürzt werden.

2. Berufsfachschulen
   für gewerbliche/technische, kaufmännische/wirtschaftliche, künstlerische oder soziale sowie für Fremdsprachenberufe mit zwei- bis dreijähriger Dauer und anerkanntem Berufsabschluß. Diese Ausbildungsform bietet sich vor allem für Assistenzberufe an, wie etwa Elektroassistentin, Ingenieurassistentin, chemisch-technische Assistentin, textil- oder bekleidungstechnische Assistentin, medizinisch-technische Assistentin usw. Auch medizinische Hilfsberufe wie Krankenpfleger oder Krankenschwester, Logopädin, Orthoptistin, Zytologie-Assistentin werden über den Besuch einer Berufsfachschule erlernt.

3. Sonderausbildungsgänge für Abiturienten
   in Großbetrieben der Industrie, des Handels, der Banken und Versicherungen sowie an Berufsakademien (Baden-Württemberg) und an Verwaltungs- und Wirtschaftsakademien.

   Viele dieser Ausbildungen führen auch gezielt auf den späteren beruflichen Einsatz in der Datenverarbeitung hin (z. B. Datenverarbeitungskaufmann, Nachrichtengerätemechaniker, Informationselektroniker, technischer Assistent Informatik.

   Fortbildung: staatlich geprüfter Betriebswirt EDV, staatlich geprüfter Techniker EDV).

   Einige Sonderausbildungsgänge sind stark auf den engeren Betriebszweck zugeschnitten und noch nicht allgemein anerkannt. Die Ausbildungsdauer beträgt meist zwei Jahre und wird später mit gezielten Fortbildungsmaßnahmen aufgebaut und erweitert.

   Die gängigsten Sonderausbildungen in Betrieben sind: Handelsassistent/Substitut (Handel), Wirtschaftsassistent (Industrie), mathematisch-technischer Assistent (chemische Industrie), Ingenieur-Assistent (Elektroindustrie).
   Eine besondere Form der (Fachhochschul-) Ausbildung stellt die Vorbereitung zum Beamten des gehobenen Dienstes bei Kommunen, Land, Bund, Anstalten und Körperschaften des öffentlichen Rechts dar.

Das Studium an Hochschulen, Akademien, Universitäten und Fachhochschulen

Die Auswahl unter den ca. 180 Studienfächern an Hochschulen und Universitäten und 70 an Fachhochschulen ist groß und nicht immer leicht. Die Entscheidung kann erleichtert werden durch den Hinweis, daß bestimmte Studienabschlüsse zu mehreren Berufen führen können. So sind z. B. die beruflichen Einsatzmöglichkeiten mit einem Jurastudium nicht auf die Justiz als Richter oder Staatsanwalt beschränkt. Ein Volkswirt muß nicht unbedingt in der Wirtschaft arbeiten, sondern findet auch in der Verwaltung seinen Platz.

Spezielle Interessen setzen andererseits wieder solche Fächer voraus, die sich sehr intensiv mit einer bestimmten Materie befassen wie etwa Medizin, Mathematik, Physik, Chemie, Biologie, Ingenieur u. ä.

Einige Studiengänge führen sehr gezielt auf eine vorgeprägte berufliche Rolle hin, wie etwa das Lehrerstudium, die Medizin usw.

> Eine sehr ausführliche und umfassende Information enthält der Ratgeber zur »Studien- und Berufswahl«, den jährlich neu und kostenlos die Bund-Länder-Kommission für Bildungsplanung und Forschungsförderung und die Bundesanstalt für Arbeit herausgeben und der an den Schulen erhältlich ist. Dort sind auch alle Informationen zum Zulassungsverfahren, insbesondere bei Numerus-clausus-Fächern, enthalten.

Kosten des Studiums

Für viele ist die Entscheidung für oder gegen ein Studium ganz wesentlich auch eine wirtschaftliche Frage. Hohe Kosten sind vor allem zu befürchten, wenn das Studium lange dauert (von 6 bis 12 Pflicht-Semestern), eventuell Studiengebühren entrichtet werden müssen, oder wenn das Studium nur auswärts abgeleistet werden kann. Studien können vor allem in Ballungsräumen teuer werden, da hier überdurchschnittlich hohe Mietkosten zu tragen sind.

Das Recht der beruflichen Ausbildung

Auch bei den rechtlichen Grundlagen zur Berufsausbildung ist wieder zu unterscheiden zwischen

- schulischen Ausbildungsgängen (-Studium) und
- betrieblichen Ausbildungen, insbesondere in anerkannten Ausbildungsberufen.

Schulische Ausbildungsgänge an Berufsfachschulen, Fachschulen, Wirtschaftsschulen, Fachakademien, Fachhochschulen und Hochschulen sind in Bundes- und Landesgesetzen, Studien- und Schulordnungen und Erlassen der Kultusministerien geregelt.

Zu diesen Berufen zählen neben den akademischen Berufen und Fachhochschul-Berufen hauptsächlich die Gesundheits-, Sozial-, Erziehungs- und Pflegeberufe. Am bekanntesten sind: Krankenschwester, Krankenpfleger, Hebamme, medizinisch-technische Assistenzberufe, Masseur und Bademeister, Therapeuten, Logopäden, Orthoptisten, Musiklehrer, Heilerzieher, Altenpfleger.

Sonderregelungen gelten auch für Beamtenberufe im öffentlichen Dienst bei Bund, Ländern, Gemeinden, Körperschaften und Anstalten des öffentlichen Rechts. Nach den beamtenrechtlichen Bestimmungen wird bereits während der Berufsausbildung zum Beamten (Anwärter) ein öffentlich-rechtliches Dienst- und Treueverhältnis auf Widerruf begründet.

Im folgenden wird nur auf die rechtlichen Regelungen zur betrieblichen Berufsausbildung in den anerkannten Ausbildungsberufen eingegangen.

Die betriebliche Berufsausbildung

Die wichtigsten gesetzlichen Grundlagen für die Ausbildung in anerkannten Ausbildungsberufen sind

- das Berufsbildungsgesetz (BBiG) vom 14. 8. 1969 in der Fassung vom 7. September 1976 (BGBl I S. 2658)

- die Handwerksordnung (Gesetz zur Ordnung des Handwerks) nach dem Stand vom 24. August 1976 (HWO)
- das Jugendarbeitsschutzgesetz (Gesetz zum Schutze der arbeitenden Jugend) vom 12. April 1976 (BGBl I S. 965) und
- das jeweilige Berufsschulpflichtgesetz des zuständigen Bundeslandes.

Das Berufsbildungsgesetz wird noch ergänzt um eine Reihe von Verordnungen, wie zur Eignung der Ausbilder, über die Anrechnung des Besuchs eines schulischen Berufsgrundbildungsjahres und einer einjährigen Berufsfachschule sowie die Anrechnung des Besuchs einer zwei- oder mehrjährigen Berufsfachschule mit mittlerem Bildungsabschluß.

Daneben können selbstverständlich noch die für alle Arbeitnehmer geltenden arbeitsrechtlichen Bestimmungen, insbesondere die Arbeitsschutzgesetze, von Bedeutung sein. Es sind dies vor allem

- das Schwerbehindertengesetz und
- das Mutterschutzgesetz.

Diese Gesetze sehen einen besonderen Arbeits- und Kündigungsschutz für Schwerbehinderte und werdende Mütter vor.
Im einzelnen ist die betriebliche Ausbildung wie folgt geregelt:

Das Berufsbildungsgesetz (BBiG) legt fest,
- was unter Berufsausbildung zu verstehen ist,
- wann und wie ein Berufsausbildungsverhältnis begründet wird,
- was in dem Berufsausbildungsverhältnis für den Ausbilder und den Auszubildenden verbindlich gelten muß (Rechte und Pflichten),
- daß eine Ausbildungsvergütung zu zahlen ist,
- wer ausbilden darf (Eignung des Ausbilders),
- wer die Prüfung abnimmt und
- wer die Ausbildung überwachen muß.

Die Handwerksordnung enthält vergleichbare Bestimmungen für die Ausbildung in Handwerksbetrieben.

Zum Schutze minderjähriger Schulabgänger ist vorgeschrieben, daß Jugendliche unter achtzehn Jahren nur in anerkannten Ausbildungsberufen ausgebildet werden dürfen (§ 28 BBiG). Anerkannte Ausbildungsberufe sind solche Berufe, für die nach § 25 BBiG vom Bundeswirtschaftsminister oder von einem anderen fachlich zuständigen Bundesministerium eine *Ausbildungsordnung* erlassen wurde. Diese Ausbildungsordnungen sind Verordnungen mit Rechtscharakter. Für einen anerkannten Ausbildungsberuf darf nur nach der Ausbildungsordnung ausgebildet werden. Ausnahmen sind nur für Behinderte zulässig (§ 48 BBiG).

Die Ausbildungsordnung enthält mindestens

- die Bezeichnung des Ausbildungsberufes
- die Ausbildungsdauer
- die Fertigkeiten und Kenntnisse, die während der Ausbildung erworben werden sollen (Berufsbild)
- den Ausbildungsrahmenplan als Anleitung für den Ablauf der Ausbildung
- die Prüfungsordnung.

Die Ausbildungsordnung kann auch eine Stufenausbildung festlegen (siehe Stichwort).

Begründung eines Ausbildungsverhältnisses

Vor Beginn einer Berufsausbildung muß zwischen dem Ausbildenden und dem Auszubildenden ein Berufsausbildungsvertrag geschlossen werden (§ 3 BBiG).

Als *Ausbildender* wird derjenige bezeichnet, der eine Person zur Ausbildung einstellt. *Ausbilder* kann eine andere, beauftragte und geeignete Person sein (siehe Ausbildereignungsverordnung).

Auszubildender ist derjenige, der ausgebildet wird. Ist er noch minderjährig, also noch nicht 18 Jahre alt, müssen dem Berufsausbildungsvertrag die Erziehungsberechtigten (in aller Regel beide Elternteile) zustimmen.

Der wesentliche Inhalt des Berufsausbildungsvertrages muß vom *Ausbildenden* unverzüglich schriftlich niedergelegt werden (§ 4 BBiG). Siehe hierzu Muster Seite 171 ff.

Der schriftliche Berufsausbildungsvertrag muß enthalten:

- die Art der Gliederung, das Ziel der Ausbildung und die Gliederung bzw. den Ablauf der Ausbildung
- Beginn und Dauer der Ausbildung einschließlich der Dauer der Probezeit (höchstens 3 Monate)
- Ausbildungsmaßnahmen außerhalb des Ausbildungsbetriebes (z. B. in einer überbetrieblichen Einrichtung der Kammer oder der Innung)
- die Dauer der regelmäßigen täglichen Ausbildungszeit
- die Ausbildungsvergütung (Zahlungsweise und Höhe)
- die Dauer des Urlaubs (je nach Lebensalter für Minderjährige 25 bis 30 Tage)
- die Voraussetzungen, unter denen ein Berufsausbildungsvertrag gekündigt werden kann.

Der Berufsausbildungsvertrag darf keine Verpflichtungen für den

Auszubildenden für die Zeit nach seiner Ausbildung enthalten (z. B. Weiterbeschäftigung).
Der Berufsausbildungsvertrag muß in das Verzeichnis der Berufsausbildungsverhältnisse nach § 33 BBiG / § 28 HWO bei der zuständigen Stelle (Kammer) eingetragen werden.
Hierzu ist auch erforderlich, daß der Auszubildende vorher innerhalb der letzten 9 Monate nach § 32 Abs. 1 Jugendarbeitsschutzgesetz ärztlich untersucht worden ist.
Für die Ausbildung darf nur geeignetes Personal eingesetzt werden. Die zuständigen Stellen (Kammern) haben die Ausbildung zu überwachen. Dies ist Aufgabe der Ausbildungsberater bei den Kammern (§§ 45 und 47 BBiG, §§ 41a und 42a HWO). Der Ausbildungsberater berät und erteilt Auskünfte in allen Fragen der beruflichen Ausbildung (Vertrag, Vergütung, Inhalte, Prüfung, Eignung) sowie den späteren Aufstiegs- und Förderungsmöglichkeiten.
Es ist verboten, Jugendliche unter 18 Jahren während der Ausbildung zu beschäftigen mit

- ausbildungsfremden Arbeiten (z. B. Reinigen, Ablagen)
- gefährlichen Arbeiten (z. B. Säuren, Kronarbeiten)
- Akkordarbeiten
- Arbeiten außerhalb der Zeit von 7.00 bis 20.00 Uhr und über 40 Stunden (Ausnahmen in einigen Branchen) – im einzelnen siehe Jugendarbeitsschutzgesetz.

Der Jugendliche darf körperlich nicht gezüchtigt werden.
Der Jugendliche muß während der Ausbildung

- ein Berichtsheft führen (§ 6 BBiG)
- den Weisungen der Ausbilder folgen (§ 9 BBiG)
- die Ordnung in der Ausbildungsstätte beachten (§ 9 BBiG), dies gilt insbesondere für die Unfall- und Sicherheitsvorschriften
- über Geschäfts- und Betriebsgeheimnisse Stillschweigen bewahren.

Nach Ablauf eines Jahres seit Beginn der Ausbildung ist eine ärztliche Nachuntersuchung vorgeschrieben (§ 32 Jugendarbeitsschutzgesetz). Fehlen die notwendigen ärztlichen Untersuchungen, muß damit gerechnet werden, daß das Berufsausbildungsverhältnis nicht wirksam wird oder gelöscht wird (§ 32 BBiG).

Die Vergütung
Der Ausbildende muß eine angemessene Vergütung gewähren (§ 10 BBiG). Häufig gibt es tarifvertragliche Regelungen über die

Höhe der Ausbildungsvergütung, nach der sich auch solche Ausbildende richten, die nicht tarifrechtlich gebunden sind.
Jede zusätzliche Arbeitsleistung (Mehrarbeit) muß gesondert vergütet werden. Ebenso ist die Vergütung für die Zeit von Freistellungen von der Arbeit etwa zum Besuch der Berufsschule zu zahlen.

Die Höhe der Ausbildungsvergütung beträgt durchschnittlich rund

- 450 bis 480 DM im ersten Ausbildungsjahr
- 500 bis 550 DM im zweiten und
- 580 bis 700 DM im dritten Ausbildungsjahr.

Von Branche zu Branche gibt es erhebliche Unterschiede. Dachdecker zahlen beispielsweise je nach Lebensalter zwischen 420 und 700,– DM im ersten, 580 und 970,– DM im zweiten sowie 700 und 1200,– DM im dritten Ausbildungsjahr.

Die Prüfung

Jede Ausbildung in einem anerkannten Ausbildungsberuf wird mit einer Prüfung abgeschlossen (§ 34 BBiG, § 31 HWO). Diese Abschlußprüfung kann zweimal wiederholt werden.
Zur Abschlußprüfung muß zugelassen werden, wer die Ausbildungszeit zurückgelegt, an den vorgeschriebenen Zwischenprüfungen teilgenommen und die Berichtshefte (wenn vorgeschrieben) geführt hat. Bei entsprechenden Leistungen kann der Auszubildende auch schon vor Ablauf der Ausbildungszeit zur Prüfung zugelassen werden. Die Entscheidung über die Zulassung zur Prüfung trifft die zuständige Stelle (Kammer).
Mit der Abschlußprüfung wird auf der Grundlage der Prüfungsordnung festgelegt, ob der Prüfling die erforderlichen Kenntnisse und Fertigkeiten beherrscht und mit den im Berufsschulunterricht vermittelten Kenntnissen vertraut ist.
Der Prüfling erhält ein Prüfungszeugnis (§ 34 BBiG, § 31 HWO) und ein Zeugnis des Ausbildenden (§ 8 BBiG).
Während der Ausbildung muß mindestens eine Zwischenprüfung durchgeführt werden. In den Ausbildungsordnungen sind die Zwischenprüfungen näher geregelt.

Verkürzung der Ausbildungszeiten

Die in den Ausbildungsordnungen festgelegte Ausbildungsdauer kann oder muß bei erweiterter Allgemeinbildung (z. B. mittlere Reife, Abitur) oder fachlicher Bildung (z. B. Berufsgrundschuljahr der Berufsfachschule) verkürzt werden.

Es *kann* verkürzt werden bei
- Hochschulreife (Abitur) oder Fachhochschulreife — bis zu *12 Monate*
- Abschlußzeugnis der Realschule, Versetzungszeugnis in die 11. Klasse eines Gymnasiums oder gleichwertigen Abschluß — bis zu *6 Monate*

Es *muß* in der Regel verkürzt werden bei
- einjähriger Berufsfachschule bzw. höherer Handelsschule — um *12 Monate*
- zweijähriger Berufsfachschule — um *12 Monate*
- Fachoberschule — um *12 Monate*
- Berufsgrundbildungsjahr in Vollzeitform — um *6–12 Monate*

Andere betriebliche Ausbildungszeiten, die dem Ausbildungsziel dienen, können voll angerechnet werden. Die Mindestausbildungszeiten sollen aber bei 3½jährigen Ausbildungen 24 Monate, bei 3jährigen Ausbildungen 18 Monate und bei 2jährigen Ausbildungen 12 Monate nicht unterschreiten.

Kürzungen der Ausbildungszeiten müssen bis zum Ende des ersten Ausbildungsjahres bei der Kammer beantragt werden.

Beendigung der Ausbildung

Das Berufsausbildungsverhältnis endet nach § 14 BBiG mit dem vertraglich festgesetzten Zeitablauf. Besteht der Auszubildende die Prüfung vor diesem Zeitpunkt, so endet das Ausbildungsverhältnis mit dem Bestehen der Prüfung.

Außerdem endet das Berufsausbildungsverhältnis durch Kündigung (§ 15 BBiG).

Während der Probezeit kann das Ausbildungsverhältnis ohne Einhaltung einer Kündigungsfrist und ohne Angaben von Gründen gekündigt werden.

Nach der Probezeit kann es nur noch aus einem wichtigen Grund ohne Einhaltung einer Kündigungsfrist gekündigt werden. Ein wichtiger Grund ist so schwerwiegend, daß den beiden Vertragspartnern (Ausbildenden und Auszubildenden) die Fortsetzung des Ausbildungsverhältnisses nicht zugemutet werden kann.

Für Streitigkeiten aus dem Ausbildungsverhältnis ist das Arbeitsgericht zuständig. Vorher muß ein Ausschuß bei der zuständigen Stelle (Kammer) angerufen werden.

Über die Einhaltung des Jugendarbeitsschutzgesetzes wacht das Gewerbeaufsichtsamt.

Die finanzielle Förderung der beruflichen Ausbildung

Viele Entscheidungen über Ausbildungswege und so mancher Wunsch an die Berufslaufbahn sind davon abhängig, ob Ausbildung oder Studium finanziell machbar erscheinen. Besonders deutlich wird der Zusammenhang zwischen beruflicher Karriere und finanziellen Grundlagen, wenn eine auswärtige Ausbildung notwendig oder wünschenswert wäre.

Wie viele Wünsche an den Beruf werden nicht schon im Keim erstickt, weil man glaubt, daß sie finanziell nicht zu verwirklichen sind!

Berufswahlentscheidungen hängen eben nicht nur davon ab, was man selbst will und kann und ob es Ausbildungsmöglichkeiten gibt, sondern auch davon, ob man sich die Ausbildung leisten kann!

In aller Regel muß aber die Ausbildung nicht am Geld scheitern. Zur Finanzierung der beruflichen Ausbildung im Betrieb oder als Studium gibt es eine Reihe von Förderungsmöglichkeiten.

Am bekanntesten sind wohl

- die Berufsausbildungsbeihilfe (BAB) nach dem Arbeitsförderungsgesetz (AFG) für Auszubildende oder Teilnehmer an berufsvorbereitenden Maßnahmen und

- die Leistungen nach dem Bundesausbildungsförderungsgesetz (BAföG) für Schüler weiterführender Schulen und für schulische Ausbildungen.

Daneben gibt es noch Leistungen für bestimmte Personengruppen

- nach dem Bundesversorgungsgesetz (BVG), etwa wenn ein Elternteil Versorgungsansprüche aus Kriegsschaden hat

- nach dem Soldatenversorgungsgesetz, etwa für ehemalige Zeitsoldaten

- nach dem Heimkehrer- und Häftlingshilfegesetz, etwa wenn jemand aus politischen Gründen in der DDR in Haft war
- nach dem Bundessozialhilfegesetz, etwa wenn eine Behinderung vorliegt.

Für Studenten gibt es außerdem die Möglichkeit, Stipendien in Anspruch zu nehmen, z. B.:

- Studienstiftung des deutschen Volkes,
  Mirbachstr. 7, 5300 Bonn
- Friedrich-Ebert-Stiftung,
  Godesberger Allee 149, 5300 Bonn
- Konrad-Adenauer-Stiftung,
  Rathausallee 12, 5205 St. Augustin
- Friedrich-Naumann-Stiftung,
  Postfach 340129, 5270 Gummersbach 31
- Hans-Böckler-Stiftung,
  Schwannstr. 3, 4000 Düsseldorf
- Stiftung der Deutschen Sporthilfe,
  Otto-Flech-Schneise 12, 6000 Frankfurt
- Evangelisches Studienwerk Villigst,
  Haus Villigst, 5845 Schwerte 5
- Bischöfliche Studienförderung Cusanuswerk,
  Annaberger Straße 283, 5300 Bonn

Für Auslandsstudien werden vor allem Stipendien vergeben von
- Deutscher Akademischer Austauschdienst (DAAD),
  Kennedyallee 50, 5300 Bonn 2

Für Aussiedler gibt es außerdem besondere Leistungen etwa aus dem Garantiefonds des Bundes oder der Otto-Benecke-Stiftung, Bonner Talweg 57, 5300 Bonn.

Genaue Auskünfte erteilen
- über Berufsausbildungsbeihilfen nach dem Arbeitsförderungsgesetz die Arbeitsämter
- über Leistungen nach dem BAföG die Ämter für Ausbildungsförderung beim Kreis oder den kreisfreien Städten und die Studentenwerke der Hochschule.

Zu den Leistungen im einzelnen ist zu sagen:
Berufsausbildungsbeihilfe (BAB) nach dem Arbeitsförderungsgesetz erhält, wer

1. in einer betrieblichen oder überbetrieblichen Ausbildung in einem anerkannten Ausbildungsberuf steht oder an einem Grundausbildungs- oder an einem Förderlehrgang des Arbeitsamtes teilnimmt,

2. eine Ausbildung erstmals ableistet (Ausnahme möglich),

3. später als Arbeitnehmer tätig sein will,

4. für die Ausbildung geeignet ist und wenn diese Ausbildung zweckmäßig ist,

5. unter Berücksichtigung seines eigenen Einkommens und des anrechenbaren Teils des Einkommens seiner Eltern auf BAB angewiesen ist (Bedürftigkeit) sowie

6. beim Arbeitsamt Antrag auf BAB gestellt hat.

Die Berufsausbildungsbeihilfe kann monatlich bis zu 410 DM betragen. Sie besteht aus den Leistungen zum Lebensunterhalt, den Lehrgangsgebühren (bei Lehrgängen), den Fahrkosten, Kosten der Ausbildungsmittel und einem Taschengeld. Sonderleistungen gibt es – etwa für Unterkunft und Verpflegung – bei einer auswärtigen Ausbildung!

Auf diese BAB werden die Ausbildungsvergütung aus dem Ausbildungsverhältnis und das Einkommen der Eltern nach Abzug von Freibeträgen angerechnet.

Es ist nicht sinnvoll, hier einige Berechnungsbeispiele vorzuführen, da die eigenen und die Einkommensverhältnisse der Familie doch meist sehr von solchen Beispielen abweichen!

Deshalb: Auskünfte beim örtlich zuständigen Arbeitsamt einholen!
Eine Förderung nach dem *Bundesausbildungsförderungsgesetz* (BAföG) kann erhalten,

1. wer Schüler von weiterführenden allgemeinbildenden Schulen in Klasse 10 ist, wenn der Schüler außerhalb wohnt, sonst ab Klasse 11,
wer Schüler einer Fachoberschule ist,

2. wer Schüler von Berufsfachschulen ab Klasse 10 oder Schüler eines Berufsgrundschul- bzw. Berufsgrundbildungsjahres ist,
wer Schüler einer Abendhauptschule, Berufsaufbauschule, Abendrealschule, eines Abendgymnasiums, Kollegs, einer

Berufsoberschule, einer Fachschule oder wer Teilnehmer eines anerkannten Fernunterrichtslehrgangs ist,
wer Student an einer höheren Fachschule, Fachhochschule, Hochschule, Universität oder einer Akademie ist *und*

3. wer unter Berücksichtigung des eigenen Einkommens oder Vermögens sowie von Teilen des Einkommens seiner Eltern oder seines Ehegatten die Kosten der Ausbildung nicht decken kann (Bedürftigkeit).

BAföG erhalten Schüler immer als Zuschuß. Studenten erhalten BAföG als Zuschuß und (teilweise) als Darlehen. Studenten erhalten BAföG immer dann als Darlehen, wenn sie ab dem 4. Semester das Studienfach wechseln.

Die Förderungsdauer ist je nach Studienfach unterschiedlich lang; maßgebend ist die zum BAföG festgelegte Förderungshöchstdauer (meist 8 Semester).

Der Höchstbetrag des BAföG ist gestaffelt, je nachdem, ob der Student bei seinen Eltern am Hochschulort (DM 510) oder außerhalb (DM 545) wohnt oder nicht bei seinen Eltern wohnt (DM 620).

Dieser Betrag erhöht sich um Kosten der Miete über DM 160,–, für bestimmte Lehrmittel, höchstens aber um DM 60,– monatlich.

150,– DM (130,– DM bei Wohnung bei den Eltern) werden den Studenten als Darlehen gewährt, das unverzinslich innerhalb von drei Jahren nach dem Studium zurückzuzahlen ist.

Bei der Berechnung des Bedarfes von bis zu (höchstens) 680,– DM werden nach Abzug von Freibeträgen (das sind Teile des Einkommens, die nicht berücksichtigt werden) das eigene Einkommen und das Einkommen der Unterhaltspflichtigen (Eltern/Ehegatte) berücksichtigt. Die Freibeträge bzw. die Einkommensanrechnung hängt auch vom Lebensalter des Studenten und der im Elternhaushalt lebenden Geschwister ab; ferner davon, ob Geschwister selbst weiterführende Schulen besuchen.

Auch hier ist ein Berechnungsbeispiel wenig hilfreich, es kann nur Verwirrung stiften!

Wichtig: BAföG muß rechtzeitig schriftlich beantragt werden! Zuständig ist für Schüler das Amt für Ausbildungsförderung beim (Land-)Kreis oder bei der kreisfreien Stadt und für Studenten das Studentenwerk der Hochschule (AStA).

Auskünfte können noch eingeholt werden beim Bundesminister für Bildung und Wissenschaft, Pressereferat, Heinemannstr. 2, 5300 Bonn 2, Stichwort: Broschüre »Studenten Service Broschüre«.

Warum die Berufsausbildung wichtig ist

Die Berufsausbildung ist ein wichtiger Abschnitt in der persönlichen Entwicklung eines Menschen.
Berufsausbildung führt die systematische, planmäßig betriebene Erziehung über die Familie und die Schule hinaus fort. Sie hat die Aufgabe, aus Schülern und Jugendlichen Arbeitnehmer zu machen. Zu diesem Zweck werden die Anforderungen der Arbeitswelt als Erziehungsziele eingesetzt. Diese Anforderungen sind aus der Beschreibung der fachlichen Kenntnisse und Fertigkeiten in den einzelnen Berufen und aus den Arbeitsbedingungen der Arbeitsplätze zu ersehen.
Berufsausbildung ist also die zeitlich, fachlich und methodisch geregelte Eingliederung von Personen in den Arbeitsprozeß.
Aus diesem Grunde haben alle an der Arbeit beteiligten Stellen ein Interesse daran, daß Jugendliche beruflich ausgebildet werden:

- Die Betriebe benötigen fachlich qualifizierte Arbeitskräfte, die sich je nach Bedarf den Anforderungen der Arbeitsplätze anpassen und hohe Ergiebigkeit der Arbeit gewährleisten können.

- Der Staat hat Interesse an einer stetigen Entwicklung der Wirtschaft, weil über die Arbeitsleistung des Arbeitnehmers auch die finanziellen Mittel des Staates in Form von Steuern, Gebühren und Beiträgen aufgebracht werden.

- Der Arbeitnehmer bestimmt über die berufliche Ausbildung seinen sozialen Status im Beruf, er sichert sich gegen berufliche Konkurrenz und erwirbt Einkommen aus seiner beruflichen Tätigkeit.

Die berufliche Ausbildung wird über die tagtäglichen Erfahrungen am Arbeitsplatz und im Beschäftigungsbetrieb weiter ergänzt und fortgeführt. In der beruflichen Praxis gewinnt der Arbeitnehmer

die ihn am nachhaltigsten prägenden Erkenntnisse und Einsichten (Berufserfahrung).
Soweit es das betriebliche Interesse oder die beruflichen Entwicklungschancen sinnvoll erscheinen lassen, werden die in der beruflichen Ausbildung und Praxis erworbenen Fähigkeiten durch eine aufbauende und spezialisierende Unterweisung vertieft und verbreitert (berufliche Weiterbildung).
Berufliche Kenntnisse und Fertigkeiten (Wissen und Können im Beruf) haben große Bedeutung für das Leben jedes Erwachsenen:

- Im Normalfall ist jeder Mensch darauf angewiesen, sich seinen Lebensunterhalt durch Arbeit zu verdienen. Diese auf Erwerb von Einkommen gerichtete Tätigkeit wird als Beruf bezeichnet. Je nach der Art des Berufes kann die Höhe des Einkommens sehr unterschiedlich sein. Einkommen kann mit beruflicher Tätigkeit nämlich nur erzielt werden, wenn man berufliche Kenntnisse und Fähigkeiten anbieten kann, die benötigt werden.

- Die Berufstätigkeit nimmt schon rein zeitlich den größten Teil unseres Lebens in Anspruch (oft 40 bis 50 Jahre). Da aber jeder Mensch bestrebt ist, sich in erster Linie mit Arbeiten zu beschäftigen, die ihn interessieren, muß er versuchen, solche Fähigkeiten zu entwickeln, mit denen er diese Arbeiten verrichten kann. Die Berufsausbildung kann also dazu beitragen, daß man solche Berufstätigkeiten ausüben kann, die einen interessieren.

- Mit der Wahl der Berufsausbildung wird aber nicht nur über die Höhe des späteren Einkommens und über die Art der Tätigkeit mitentschieden. Vom späteren Beruf hängt auch ab, wie wir uns gegenüber der Konkurrenz anderer Erwerbstätiger behaupten können, wo wir Arbeit finden und welche Anforderungen die Arbeit an unser Leistungsvermögen stellt.

- Die Berufsausbildung führt schließlich die in der Schule begonnene systematische Vermittlung von Wissen und Können fort. Gerade in der Berufsschule (bei betrieblicher Ausbildung) und in den anderen beruflichen Schulen werden die persönlichen Grundlagen für den Beruf verbreitert und gefestigt. Es können Qualifikationen erworben werden, die während des gesamten Berufslebens wichtig sind. Hierzu gehören insbesondere alle in einer technisierten Zivilisation notwendigen Fertigkeiten wie Lesen und mit schweren Texten umgehen, Rechnen und mathematische Zusammenhänge erkennen und lösen können, Probleme erfassen und eine Lösung entwickeln können, eine Arbeit organisieren und einteilen können, mit anderen zusammenarbeiten und zuverlässig sein, die eigene Arbeit kontrollieren, Entscheidungen treffen und verantworten können. Je mehr diese Fähigkeiten entwickelt sind, um so eher besteht die Chance, sich im Berufsleben auch im positiven Sinne »durchsetzen« und »behaupten« zu können.

Die Berufsausbildung vermittelt also

- Möglichkeiten zum Erwerb von Einkommen bzw. relative Sicherheit vor Verlust der Beschäftigung
- Tätigkeiten, die auch persönliche Interessen befriedigen können
- Fähigkeiten zur Weiterentwicklung persönlicher und beruflicher Interessen und zur Selbstbehauptung im Beruf.

Wer für die Berufsausbildung zuständig ist

– Zuständige Stellen nach dem Berufsbildungsgesetz für die Überwachung der Berufsausbildung, Prüfung der Eignung eines Betriebes für die Berufsausbildung, Abnahme der Prüfung!

Grundsätzlich ist im Berufsbildungsgesetz und in der Handwerksordnung geregelt, wer für die Berufsausbildung zuständig ist. Die Berufsausbildung zum Beamten ist in beamtenrechtlichen Bestimmungen des Bundes und der einzelnen Bundesländer gesondert geregelt. Auch für sonstige Ausbildungen in einer öffentlichen Verwaltung wird die zuständige Stelle jeweils besonders festgelegt. Im allgemeinen regeln die einzelnen Behördenbereiche (Ministerien und Körperschaften bzw. Anstalten des öffentlichen Rechts) das Verfahren der Berufsausbildung und Prüfung selbst.

Nach den Bestimmungen des Berufsbildungsgesetzes sind zuständig

- für Ausbildungsberufe im Handwerk und handwerksähnlichen Berufen – die Handwerkskammern

- für Ausbildungsberufe in Gewerbebetrieben, die nicht Handwerksbetriebe sind, einschließlich des Handels – die Industrie- und Handelskammern

- für Ausbildungsberufe in der Landwirtschaft (Weinbau, Obstbau, Gemüseanbau, Forstwirtschaft, Tierzucht, Fischerei) – die Landwirtschaftskammern

- für Ausbildungsberufe bei Rechtsanwälten und Notaren – die Rechtsanwalts- und Notarkammern

- für Ausbildungsberufe bei Patentanwälten – die Patentanwaltskammern

- für Ausbildungsberufe bei Zahnärzten, Ärzten, Apothekern – die Ärzte- und Apothekenkammern
- für Ausbildungsberufe bei Steuerberatern, Wirtschaftsprüfern, Steuerbevollmächtigten – die Wirtschaftsprüfer- oder Steuerberater- oder Steuerbevollmächtigtenkammern

Soweit die berufliche Ausbildung ganz oder teilweise in schulischer Form erfolgt, also an Berufsschulen, Berufsfachschulen, Fachschulen, Fachakademien, Fachhochschulen, Hochschulen, Akademien und Universitäten sind die einzelnen Bundesländer (meist die Kultusministerien) zuständig. Sie regeln durch Gesetze oder durch Rechtsverordnungen aufgrund gesetzlicher Ermächtigungen (Landtage) oder auf der Grundlage eines Bundesgesetzes die einzelnen Bestimmungen über Zulassung, Ausbildungsinhalte, Prüfungen und Anerkennung zur Berufsausübung.

Beispiele sind etwa das (Bundes-)Gesetz über technische Assistenten in der Medizin (MTA-G) vom 8. 9. 1971 (Bundesgesetzblatt 1971, Teil I, Seite 1515) oder das (Bundes-)Gesetz über die Ausübung der Berufe des Masseurs, des Masseurs und medizinischen Bademeisters und des Krankengymnasten in der Fassung vom 25. Juni 1969, das (Bundes-)Gesetz über den Beruf des Diätassistenten vom 17. 7. 1973, das Krankenpflegegesetz in der Fassung vom 4. Mai 1972 (Krankenschwester, Krankenpfleger, Kinderkrankenschwester), das (Bundes-)Gesetz über den Beruf des Logopäden vom 7. Mai 1980, das (Bundes-)Gesetz über den Beruf des Beschäftigungs- und Arbeitstherapeuten vom 25. Mai 1976 oder das (Bundes-)Gesetz über den Beruf des pharmazeutisch-technischen Assistenten vom 18. März 1968.

Die wichtigsten gesetzlichen Grundlagen für die betriebliche Ausbildung sind

- das Berufsbildungsgesetz vom 14. August 1969 in der Fassung vom 12. März 1971 mit den dazu ergangenen Ausbildungsordnungen zur staatlichen Anerkennung von Ausbildungsberufen und von Fortbildungsberufen.

- das Gesetz zur Ordnung des Handwerks (Handwerksordnung) in der Fassung vom 28. Dezember 1965 mit den dazu ergangenen Rechtsverordnungen etwa über die Lehrzeitdauer im Handwerk.

Die Schulabschlüsse der Schulabgänger

Nach den Aufzeichnungen der Kultusministerkonferenz haben im Jahre 1978 die Schulabgänger folgende Abschlüsse aufzuweisen:

Hauptschulabgänger ohne Abschluß einschl. Sonderschüler:		13,2 % = 130 500
Hauptschulabgänger mit Abschluß	41,7 % = 414 700	⎫
Realschulabgänger und Schulabgänger mit entsprechendem Abschluß	28,9 % = 287 700	⎬ 70,6 % = 702 400 ⎭
Absolventen mit Fachhochschulreife:	0,3 % = 3 000	⎫
Absolventen mit allgemeiner oder fachgebundener Hochschulreife:	15,9 % = 158 000	⎬ 16,2 % = 161 000 ⎭

Alle Abgänger aus allgemeinbildenden Schulen: 100 % = 993 900

Rund 60 % dieser Schulabgänger wenden sich an die Berufsberatung der Arbeitsämter.
Es ist bekannt, daß der Höhepunkt der Schülerzahlen bereits überschritten ist. Je nach der Dauer der Schulzeit werden in den nächsten Jahren die Zahlen der Schulabgänger spürbar zurückgehen.

Dieser Rückgang wird sich deutlich zeigen
- bei den Abgängern aus Hauptschulen in den Jahren insbesondere ab dem Schuljahr 1982/83

- bei den Abgängern aus Realschulen in den Jahren ab dem Schuljahr 1985/86
- bei den Abgängern aus den Gymnasien in den Jahren ab dem Schuljahr 1990/91.

Insgesamt werden sich also in den nächsten Jahren die Zahlen der Schulabgänger Schritt für Schritt verringern; es wird aber nur noch geringe Veränderungen bei den Anteilen nach Schularten geben. Wegen der kürzeren Schulzeit der Hauptschüler wird es einige Zeit den Anschein haben, als hätten wir plötzlich mehr Realschüler, das ist aber nur die Folge der Zeitverschiebung. Ebenso wird es mit dem vorübergehend höheren Anteil der Gymnasien sein, bis sich spätestens ab 1990 in allen Schularten der »Pillenknick« ausgewirkt haben wird.

Ungeachtet dessen bleibt festzuhalten, daß auch in Zukunft rund zwei Drittel aller Schulabgänger mit Hauptschulabschluß und Realschulabschluß ausscheiden und daß die Zahl der Abiturienten erwarten läßt, daß viel mehr Abiturienten als bisher eine Berufsausbildung ohne Studium oder eine Berufsausbildung *vor* dem Studium anstreben.

Insgesamt hat sich das Schulniveau der Berufsanfänger erhöht. Das hat sicher auch eine Veränderung ihrer Ansprüche an die Ausbildung und an die Arbeitsbedingungen zur Folge. Es kann angenommen werden, daß dies nicht ohne Wirkung auf die Berufsausbildung bleibt! Sicherlich werden die Ausbildungsbedingungen in einigen Berufen geändert, meist verbessert werden müssen.

Also: In den nächsten Jahren wird die Zahl der Abgänger aus Realschulen und Gymnasien noch stärker ansteigen. Die Anteile könnten sich bis 1990 etwa einpendeln bei ⅓ Realschüler, ⅓ Abiturienten!

Die Schulabschlüsse der Auszubildenden im dualen Ausbildungssystem

Die Wahl des Berufs wird ganz wesentlich von der schulischen Vorbildung bestimmt. Die eigenen Chancen, einen gewünschten Ausbildungsplatz zu erhalten, hängen auch davon ab, mit wievielen anderen Bewerbern darum konkurriert wird. Deshalb ist es nicht nur interessant zu wissen,

- welche Berufe von den Jugendlichen am häufigsten gewählt werden,

sondern auch

- welchen Schulabschluß diese Jugendlichen mitbringen.

Zur Zeit weisen rund 60% aller Auszubildenden den Hauptschulabschluß (1970: 80%), rund 32% den Realschulabschluß (1970: 19%) und 5,5% die Hochschul- oder Fachhochschulreife (1978: 1,3%) als schulische Vorbildung nach.

Allgemein ist zu beobachten, daß immer mehr Realschulabgänger und Abiturienten in Berufe hineindrängen, die bisher auch oder gar überwiegend den Hauptschülern zur Verfügung standen. Ganz deutlich ist diese Entwicklung bei den kaufmännischen und Büroberufen zu beobachten. Immer stärker nimmt hier der Anteil der Auszubildenden mit mittlerer Reife oder Abitur zu. In den gewerblichen Berufen haben immer noch die Hauptschüler ein starkes Übergewicht. Diese Verschiebungen werden hauptsächlich von den Mädchen verursacht, die heute eine wesentlich bessere Schulbildung erwerben und viel häufiger eine Berufsausbildung anstreben, als dies bisher üblich war.

Im einzelnen ist festzuhalten:

Weibliche Jugendliche konzentrieren sich auf weniger Ausbildungsberufe als männliche Jugendliche. Vor allem weibliche Hauptschulabgänger ohne Abschluß konzentrieren ihre Ausbil-

dung auf die Berufe Friseuse, Verkäuferin im Einzelhandel und im Nahrungsmittelgewerbe.
Diese Berufe werden sicherlich nicht nur ergriffen, weil man sie unbedingt erlernen will, sondern weil in vielen anderen Berufen Hauptschülerinnen ohne Abschluß bisher wenig Chancen hatten, einen Ausbildungsplatz zu erhalten.
Bei männlichen wie bei weiblichen Jugendlichen mit Realschulabschluß haben die Büro- und Verwaltungsberufe eine ausgesprochene Favoritenrolle.

Die am häufigsten gewünschten Ausbildungsberufe im dualen Ausbildungssystem

Grundsätzlich gilt: Die Ausbildungsordnungen als Rechtsgrundlage für die Ausbildung in den anerkannten Ausbildungsberufen schreiben keine bestimmte Schulausbildung vor. Deshalb ist es in der Praxis den Betrieben überlassen, welche Schulabgänger sie einstellen oder bevorzugen. Ebenso ist es ihnen überlassen, eigene Auswahlkriterien bei der Einstellung zugrunde zu legen. Insgesamt gibt es derzeit rund 450 anerkannte Ausbildungsberufe!

Nach der Statistik der Kammern (Industrie- und Handelskammern, Handwerkskammern, Rechtsanwalts- und Notarkammern, Ärztekammern usw.) waren etwa 1978 folgende Berufe besonders stark mit Auszubildenden besetzt (in Klammern jeweils Zahl der Mädchen oder der Jungen):

Die 10 beliebtesten Ausbildungsberufe bei

Jungen (Mädchen)	Mädchen (Jungen)
1. Kraftfahrzeugmechaniker – 88 425 (208)	Verkäuferin – 67 767 (17 123)
2. Elektroinstallateur – 48 509 (105)	Friseuse – 65 076 (3 508)
3. Maschinenschlosser – 41 486 (85)	Verkäuferin im Nahrungsmittelhandwerk (z. B. in Bäckereien, Metzgereien) – 36 892 (296)
4. Tischler – 34 512 (627)	Bürokaufmann – 35 906 (9 741)
5. Maler und Lackierer – 33 749 (621)	Industriekaufmann – 32 350 (22 394)
6. Maurer – 29 908 (28)	Arzthelferin – 31 417 (21)
7. Gas- und Wasserinstallateur – 27 895 (43)	Zahnarzthelferin – 23 810 (17)
8. Kaufmann im Groß- und Außenhandel – 27 812 (17 869)	Bankkaufmann – 19 968 (17 851)

9. Bäcker – 23 193 (691)
10. Industriekaufmann – 22 394 (32 350)
Einzelhandelskaufmann – 21 809 (16 633)
Kaufmann im Groß- und Außenhandel – 17 869 (27 822)

Bei den Jungen sind die Berufe breiter gestreut. Aber auch hier ist die Konzentration auf einige wenige Berufe viel zu groß: Rund 40% aller Jungen in betrieblichen Ausbildungsverhältnissen werden in diesen 10 Berufen ausgebildet (von insgesamt 450 anerkannten Ausbildungsberufen!)
80% aller Mädchen wurden bisher in den vorstehend genannten Berufen ausgebildet! Das ist Grund genug für Erzieher und Mädchen, bei der Berufswahl besonders sorgfältig zu prüfen, ob nicht auch sogenannte »Männerberufe« in die Entscheidung einbezogen werden sollten.
In Zukunft werden sich die Ausbildungschancen der Mädchen in »Männerberufen« schon auch deshalb erhöhen, weil in den nächsten Jahren weniger Schulentlassene in das Ausbildungssystem drängen werden (geburtenschwache Jahrgänge).
Im übrigen zeigt auch ein Rückblick auf unsere Geschichte bis hinein in das Mittelalter, daß Frauen früher durchaus auch im Beruf ihren Mann gestanden und »Männerberufe« als Meisterin, Kauffrau, ja als »Herrscherinnen« über ganze Völker ausgeübt haben. Erst im Zuge der Technisierung und Arbeitsteilung unserer Arbeitswelt und mit der dadurch bedingten immer schärferen Trennung von Familie, Hauswirtschaft und Beruf, wurden Frauen auf ausschließlich häusliche und familiäre Aufgaben verwiesen. Der technischen Arbeitsteilung ist eine gesellschaftliche Rollenteilung gefolgt.
Die neuen Techniken, insbesondere die Elektronik und der wachsende Bedarf an Berufsnachwuchs in einigen Wirtschaftsbereichen, werden in Zukunft den Frauen neue Chancen für ihre berufliche und soziale Entwicklung eröffnen.
Diese Zahlen belegen deutlich, daß sich die Schularten immer stärker auch in den Ausbildungsberufen der Schulabgänger widerspiegeln. Daraus ist auch zu erkennen, welches Sozialprestige und welche Entwicklungschancen den einzelnen Berufen unterhalb der Ebene der »Studien-Berufe« beigemessen wird. Hinzu kommt noch die Vielzahl von Berufen, die nicht im dualen Ausbildungssystem, sondern über den Besuch von Fachschulen, Fachakademien, Berufsaufbauschulen etc., meist von Realschülern und Abiturienten ergriffen werden.

Eine weitere Rangfolge der gewählten Berufe nach dem Schulabschluß von Auszubildenden in Handwerk, Industrie, Handel, Dienstleistungen zeigt folgende Übersicht aus dem Jahre 1977/78:
Am häufigsten wurden gewählt von

Hauptschülern ohne Abschluß		Hauptschülern mit Abschluß		Realschülern (mittl. Reife)	
männlich	weiblich	männlich	weiblich	männlich	weiblich
Maler und Lackierer	Friseuse	Kfz-Mechaniker	Verkäuferin	Elektroinstallateur	Bürokaufmann
Maurer	Verkäuferin	Elektroinstallateur	Friseuse	Kaufmann im Groß- und Außenhandel	Bürogehilfin
Kfz-Mechaniker	Einzelhandelskaufmann	Tischler/Holzmechaniker	Einzelhandelskaufmann	Kfz-Mechaniker	Arzthelferin
Fleischer		Maschinenschlosser	Bürokaufmann	Industriekaufmann	Industriekaufmann
Bäcker		Bäcker	Bürogehilfin	Maschinenschlosser	Zahnarzthelferin
Zimmerer		Gas- und Wasserinstallateur	Bekleidungsnäherin	Werkzeugmacher	Rechtsanwalts-, Notargehilfin
Tischler/Holzmechaniker		Maurer	Zahnarzthelferin	Fernmeldehandwerker	Bankkaufmann
Dachdecker		Fleischer	Kaufmann im Groß- und Außenhandel	Bankkaufmann	Verkäuferin
Zentralheizungs- und Lüftungsbauer		Maler und Lackierer	Arzthelferin	Einzelhandelskaufmann	Einzelhandelskaufmann
		Zentralheizungs- und Lüftungsbauer	Hauswirtschafterin	Mechaniker	Fachgehilfe in steuerwirtschaftsberatenden Berufen
					Kaufmann im Groß- und Außenhandel

Quelle: Materialien aus der Arbeitsmarkt- und Berufsforschung Nr. 9/1979

Bevorzugte Ausbildungsberufe von Realschülern und Abiturienten

1. Buchhändler
2. Bankkaufmann
3. Datenverarbeitungskaufmann
4. Versicherungskaufmann
5. Reiseverkehrskaufmann
6. Kaufmannsgehilfe im Hotel- und Gaststättengewerbe
7. Kaufmann in der Grundstücks- und Wohnungswirtschaft
8. Kaufmann im Zeitungs- und Zeitschriftenverlag
9. Industriekaufmann
10. Speditionskaufmann

(Quelle: Zeitschrift des Bundesinstituts für Berufsbildung, Berlin, Nr. 4/1980)

Stichwörter zur Ausbildung

Schulabschlüsse

Es wird unterschieden zwischen

- Hauptschulabschluß und qualifizierendem Hauptschulabschluß
- Realschulabschluß (mittlerer Schulabschluß/mittlere Reife)
- Abitur als Gymnasialabschluß (fachgebundenes Abitur).

Fachschulreife:
Wird an beruflichen Schulen (z. B. Berufsaufbauschule, Berufsfachschule oder Technikerschule) erworben. Sie umfaßt neben der mittleren Reife auch einen beruflichen Abschluß und berechtigt zum Besuch von Fachschulen, der Berufsoberschule, von Kollegs und von Fachakademien.

Fachhochschulreife:
Sie berechtigt zum Besuch einer Fachhochschule. Sie wird erworben an Fachoberschulen; in einigen Bundesländern auch nach Abschluß der 12. Jahrgangsstufe eines Gymnasiums oder mit einer besonderen Abschlußprüfung an Fachschulen oder Fachakademien.

Fachgebundene Hochschulreife:
Sie berechtigt zum Studium bestimmter Studiengänge an wissenschaftlichen Hochschulen. Sie kann erworben werden über den Besuch etwa einer Berufsoberschule oder einer Fachakademie (besondere Länderregelungen erfragen) sowie mit dem Abschluß einer Fachhochschulausbildung (ev. schon nach dem Grundstudium und einer Zwischenprüfung).

Hochschulreife:
Sie berechtigt zum Studium an allen Fachhochschulen und wissenschaftlichen Hochschulen. Einschränkungen hinsichtlich der Note möglich: siehe »Numerus clausus«!

Stufenausbildung

Die Stufenausbildung ist eine besonders den Bedingungen der Industrie angepaßte Weiterentwicklung der betrieblichen Ausbildung. In der üblichen Berufsausbildung ist die gesamte Ausbildungsdauer auf ein bestimmtes Berufsziel abgestellt (z. B. Friseuse, Kfz-Mechaniker) und die Ausbildung läuft nach einer einheitlichen Ausbildungsordnung ab.

In der Stufenausbildung ist die Ausbildung zwar auch nach Dauer und Inhalten geordnet (Ausbildungsordnung), besteht aber aus mehreren selbständigen Ausbildungsabschnitten. Sie verläuft in Stufen. Der erste Abschnitt oder die 1. Stufe dauert meist zwei von insgesamt 3 oder 3½ Jahren. Das 1. Ausbildungsjahr kann auch als Berufsgrundbildungsjahr oder Berufsgrundschuljahr an der Berufsschule abgeleistet werden. Die Stufenausbildung umfaßt meist zwei Stufen, in einigen Ausbildungsberufen ist sie auch in drei Stufen geregelt.

Während der ersten zwei Jahre, also in der 1. Stufe, werden berufliche Kenntnisse in der Schule oder/und im Ausbildungsbetrieb vermittelt. Es handelt sich um sogenannte Grundfertigkeiten und Grundkenntnisse. Das sind Ausbildungsziele, die jeder Auszubildende beherrschen muß, um die späteren Anforderungen bewältigen und den fachlich spezielleren Unterricht verstehen zu können. Diese Grundfertigkeiten und -kenntnisse werden ja auch meist in sehr vielen anderen, wenigstens aber in den »verwandten« Berufen vermittelt bzw. verlangt.

Von Abschnitt zu Abschnitt nehmen die spezielleren fachlichen Ausbildungsinhalte in Theorie und Praxis zu. Nach Abschluß der 1. Stufe kann und muß sich der Auszubildende entscheiden, welchen (Einzel-)Beruf er erlernen will. Die Stufenausbildung ist ebenso wie die sonstige Berufsausbildung grundsätzlich im Berufsbildungsgesetz geregelt.

Zwischen den einzelnen Stufen erfolgen Zwischen- und (wenn gewünscht) Abschlußprüfungen. Letzteres ist problematisch, da die vor Abschluß der gesamten Ausbildung (2 oder 3 Stufen) erlangte Qualifikation nur eine »Anlern«-Qualifikation ist und deshalb zu sehr an eine bestimmte berufliche Tätigkeit bindet.

Stufenausbildungen gibt es im Einzelhandel (z. B. Verkäufer), in der Elektroindustrie, in der Bauwirtschaft und in der Textil- und Bekleidungsindustrie (im Druckgewerbe).

Die Stufenausbildung ist in den einzelnen Berufen wie folgt gegliedert:

Spinnereiindustrie:

1. und 2. Ausbildungsjahr	– Textilmaschinenführer(in) in der Spinnerei
3. Ausbildungsjahr	– Textilmechaniker(in) in der Spinnerei

Webereiindustrie:

1. und 2. Ausbildungsjahr	– Textilmaschinenführer(in) in der Weberei
3. Ausbildungsjahr	– Textilmechaniker(in) in der Weberei Textilmechaniker(in) in der Bandweberei
	– Musterprogrammierer(in) in der Weberei

Maschenwaren-Industrie:

1. und 2. Ausbildungsjahr	– Textilmaschinenführer(in) in der Maschinenindustrie
3. Ausbildungsjahr	– Textilmechaniker(in) in der Strickerei und Wirkerei
	– Textilmechaniker(in) in der Strumpf- und Feinstrumpfrundstrickerei
	– Textilmechaniker(in) in der Ketten- und Raschelwirkerei

Elektroindustrie:

Energietechnische Berufe

1. Ausbildungsjahr	– Grundfertigkeiten und -kenntnisse, die für alle Elektroberufe gleich sind
2. Ausbildungsjahr	– Auswahl zwischen: Elektromaschinenwickler(in), Elektroanlageninstallateur(in) und Elektrogerätemechaniker(in)
3. Ausbildungsjahr und eventuell noch weitere 6 Monate im 4. Jahr (3½)	Fortsetzung der in der 2. Stufe gewählten Ausbildung
	– Elektromaschinenmonteur(in), Energieanlagenelektroniker(in)

Nachrichtentechnische Berufe

1. Ausbildungsjahr	– Grundfertigkeiten und -kenntnisse, die für alle Elektroberufe gleich sind
2. Ausbildungsjahr	– Auswahl zwischen: Nachrichtengerätemechaniker(in) und Fernmeldeinstallateur(in)
3. Ausbildungsjahr und weitere 6 Monate im 4. Jahr (3½)	wiederum Entscheidung zwischen
	– Feingeräteelektroniker(in), Informationselektroniker(in), Funkelektroniker(in) und Fernmeldeelektroniker(in)

Bauwirtschaft:

1. Ausbildungsjahr wird als berufsfeldbezogene Grundbildung (Bau – Holz) meist in einem Berufsgrundschuljahr bzw. Berufsgrundbildungsjahr an der Berufsschule abgeleistet

2. Ausbildungsjahr	– Auswahl zwischen Hochbaufacharbeiter/Ausbaufacharbeiter/Tiefbaufacharbeiter
3. Ausbildungsjahr (9 Monate)	– Auswahl zwischen Maurer, Beton- und Stahlbetonbauer, Feuerungs- und Schornsteinbauer, Betonstein- und Terrazzohersteller, Stukkateur, Fliesen-, Platten- und Mosaikleger, Wärme-, Kälte- und Schallschutz-Isolierer (Isolier-Monteur), Trockenbau-Monteur, Straßenbauer, Rohrleitungsbauer, Kanalbauer, Gleisbauer, Brunnenbauer

Im Bauhandwerk erfolgt nach dem 1. Ausbildungsjahr (Berufsschule) keine Stufenausbildung. Hier bleibt es bei einer zweijährigen Ausbildung zum Maurer, Beton- und Stahlbetonbauer, Feuerungs- und Schornsteinbauer, Straßenbauer, Rohrleitungsbauer, Kanalbauer, Brunnenbauer, Zimmerer, Stukkateur usw. Insgesamt dauert hier die Ausbildung 33 Monate.

Pelzverarbeitungsindustrie:

1. und 2. Ausbildungsjahr	– Pelznäher(in)
3. Ausbildungsjahr	– Kürschner(in)

Bekleidungsindustrie:

1. Ausbildungsjahr	– *Bekleidungsnäher(in)*
2. Ausbildungsjahr	– *Bekleidungsfertiger(in)*
3. Ausbildungsjahr	– *Bekleidungsschneider(in)*

Textilveredlung:

Diese Ausbildung ist in der Stufenabfolge vergleichbar mit der Ausbildung in der Weberei-, Spinnerei- und Maschenwarenindustrie.

1. Ausbildungsjahr	– Textilmaschinenführer(in)
2. und 3. Ausbildungsjahr	– Textilveredler(in) Färberei oder Druckerei oder Appretur oder Beschichtung

Druckgewerbe: (gestufte Ausbildung)

Hier wird eine gestufte Ausbildung durchgeführt, die jedoch keine echte Stufenausbildung mit »selbständigen« Stufen bzw. Ausbildungsabschnitten ist.

Einzelhandel: (gestufte Ausbildung)

1. und 2. Ausbildungsjahr	– Verkäufer(in) = Abschluß
3. Jahr	– Einzelhandelskaufmann (-kauffrau) = 1 Jahr Zusatzausbildung

Test

Bei der Berufswahl Jugendlicher und Erwachsener werden seit einigen Jahren immer häufiger Tests zur Beurteilung von Fähigkeiten und Interessen eingesetzt. Sie sollen eine Entscheidungshilfe bei der Auswahl zwischen mehreren Möglichkeiten sein. Besonders die Betriebe versprechen sich eine neutrale, objektive und problembezogene Information über wichtige Eigenschaften von Bewerbern.

Tests sind dagegen für die Betroffenen meist der große Schrecken und das Hindernis auf dem Weg zum Beruf. Viele versagen bei Tests schon aus Angst. Die Angst besteht aber meist weniger vor dem Test selbst, als vielmehr vor seinen vermeintlichen negativen Folgen. Die wichtigste Ursache für diese Angst ist die Unkenntnis über die Anforderungen der Tests und über die Folgen eines schlechten Ergebnisses. Zu den Folgen zählt sicher auch das Gefühl, wieder einmal versagt oder verloren zu haben; schon wieder bescheinigt zu bekommen, daß andere eben besser sind. Es ist deshalb wichtig, sich mit dem Wesen, der Absicht und den Möglichkeiten von Tests auseinanderzusetzen.

Ein Test ist in aller Regel ein *Auswahlverfahren*. Er kann aber nur *ein Teil* eines umfassenderen Beurteilungs- oder Entscheidungsprozesses sein. Es kommt auch sehr darauf an, ob er als Leistungs- und Fähigkeitstest oder als Persönlichkeitstest eingesetzt wird. Tests sollen Unterschiede zwischen Menschen anhand bestimmter, abgefragter Merkmale (Kriterien) erkennen lassen. Zu diesem Zweck werden nach genau festgelegten Bedingungen Merkmale der Persönlichkeit eines Menschen festgestellt und bewertet. Um Aussagen über diese Merkmale machen zu können, werden sogenannte Symptome abgefragt, welche für diese Eigenschaften oder Fähigkeiten typisch sind. Daraus soll dann darauf geschlossen werden können, wie sich eine Person in bestimmten Situationen und bei bestimmten Anforderungen verhält.

Leistungs- und Fähigkeitstests bestehen aus Aufgaben, die vom Bewerber oder Ratsuchenden zu lösen sind. Die Lösungen werden mit richtig oder falsch bewertet.

Da Tests für alle Personen (Bewerber) nach den gleichen Bedingungen durchgeführt werden, gelten sie als objektiv. Die Auswertung stützt sich auf das bekannte, typische Verhalten oder die typische Leistung von einer (repräsentativ) ausgewählten Personengruppe und sagt aus, daß ein Testergebnis in bestimmter Weise davon abweicht.

Die Test-Ergebnisse lassen häufig die sozialen, gesundheitlichen und aktuellen Einflüsse außer acht. Deshalb sind Zufallsergebnisse nicht auszuschließen. Dies gilt vor allem für die häufig verwendeten Leistungstests. Im übrigen kann man Testergebnisse auch durch häufiges Üben und systematisches Training beeinflussen.

Deshalb gilt: Wenn schon Test, dann muß er wissenschaftlich erprobt und für einen bestimmten Zweck ausgerichtet und eingegrenzt sein.

Tests können nur eine von mehreren Entscheidungshilfen sein.

Die berufliche Weiterbildung

Kein Beruf muß eine Sackgasse sein – auch Umwege führen zum Ziel: Erkennen – Informieren – Handeln!
»Drei Dinge bewirken, daß Menschen sich ändern wollen: Einer davon ist der Leidensdruck (Kopf gegen die Wand, Erfolglosigkeit). Ein anderer Grund ist eine langsam niederziehende Verzweiflung, genannt Langeweile (»Was soll's? Welchen Sinn hat das alles?«). Menschen wollen sich drittens ändern, weil sie plötzlich entdecken, daß das möglich ist.«*

Berufliche Weiterbildung kann ein Weg sein, der zu dieser Änderung verhilft. Gründe für die Entscheidung zur beruflichen Weiterbildung gibt es genug – egal, ob sie im privaten oder beruflichen Bereich gesehen werden.
In jedem Fall eröffnet die berufliche Weiterbildung die Chance,

- mit den fachlichen bzw. technischen Anforderungen seiner beruflichen Tätigkeit leichter fertig zu werden,
- den Sinn und Zweck seiner beruflichen Tätigkeit zu erkennen, zu erhalten oder neu zu gewinnen und so das Bedürfnis nach sinnvoller, nützlicher Arbeit zu befriedigen,
- das Selbstvertrauen in seine beruflichen Fähigkeiten zu festigen und das Selbstwertgefühl zu steigern,
- das Bedürfnis nach Sicherheit am Arbeitsplatz und nach Anerkennung der eigenen beruflichen Leistungsfähigkeit abzudecken,
- das soziale Ansehen und die gesellschaftliche Anerkennung zu erhöhen.

Berufliche Weiterbildung kann

- berufliche Fortbildung oder
- berufliche Umschulung sein.

---

* Aus Th. A. Harris, »Ich bin o. k. – Du bist o. k.«

Diese Unterscheidung verhilft dazu, die nötigen Informationen zu erhalten über
- die verschiedenen Wege und Anforderungen der beruflichen Weiterbildung und über
- die möglichen finanziellen Förderungsleistungen.

Ein Großteil der beruflichen Fortbildung entfällt auf betriebliche Schulungsmaßnahmen innerhalb der Unternehmen. Im Handwerk werden Fortbildungsmaßnahmen weit stärker als in der Industrie in den überbetrieblichen Bildungseinrichtungen der Handwerkskammern und Innungen durchgeführt. In den industriellen Großbetrieben wird die betriebsinterne Schulung der Mitarbeiter während und – als freiwilliges Angebot – außerhalb der Arbeitszeit häufig sehr intensiv betrieben. In rund 22% aller Schulungsmaßnahmen sollen die Mitarbeiter mit neuen Entwicklungen der Technologie (Innovationen) vertraut gemacht werden. Weitere 20% der Bildungsprogramme sind auf den »Führungsstil« gerichtet. Unmittelbar produktionsbezogen sind die restlichen rund 38%: 15% haben »Veränderung der Fertigung«, 12% »Veränderung der Produkte« und 11% »Veränderung der Produktion allgemein« zum Inhalt. Soweit die Ergebnisse einer Untersuchung des Instituts der deutschen Wirtschaft.

Hier wird deutlich, daß betriebliche Bildungsmaßnahmen in aller Regel unmittelbar auf die berufliche Praxis im Betrieb und am Arbeitsplatz gerichtet sind. Sie verfolgen ausdrücklich nicht den Zweck, die berufliche Beweglichkeit der Arbeitnehmer über die unmittelbaren betrieblichen Anforderungen hinaus zu erhöhen.

Deshalb ist es zweckmäßig, sich auch über Weiterbildungsangebote außerhalb des eigenen Beschäftigungsbetriebs zu informieren und sie nach Möglichkeit auch zu nutzen.

Dieser Weg ist für die meisten Arbeitnehmer ohnehin die einzige Chance, sich beruflich fortzubilden und ihre Konkurrenzfähigkeit auf dem (betrieblichen) Arbeitsmarkt zu erhalten oder zu erhöhen. In der weitaus größten Zahl der Betriebe findet nämlich eine systematische berufliche Weiterbildung der Mitarbeiter nicht statt.

Probleme der beruflichen Weiterbildung

Je größer die Bereitschaft zur beruflichen Weiterbildung ist, um so geringer wiegen die technischen Probleme, die einer Fortbildung oder Umschulung entgegenstehen können. Häufig erweisen sich finanzielle Hindernisse, der notwendige Zeitaufwand oder die Unkenntnis und die Schwierigkeiten über den Ablauf einer Fortbildung oder Umschulung lediglich als Vorwand für fehlende Bereitschaft. *Das Interesse, also das bewußt gewordene Bedürfnis an einer beruflichen Weiterbildung, entwickelt sich grundsätzlich unabhängig von den sonstigen Bedingungen – wie Zeit, Geld und Weg – allein aus dem erkennbaren Nutzen, den der einzelne aus der beruflichen Weiterbildung für sich ziehen kann.* Nur wenn der erkennbare oder erwartete Nutzen der Weiterbildung groß genug ist, entsteht auch Bereitschaft. Dort, wo Bereitschaft zur Weiterbildung vorhanden ist, können meist auch Wege für eine persönlich angemessene berufliche Entwicklung gefunden werden.

Im allgemeinen stehen folgende Probleme einer beruflichen Weiterbildung hinderlich entgegen:

- die berufliche Fortbildung oder Umschulung macht eine berufliche Veränderung notwendig – der Arbeitsplatz, der Betrieb oder gar der Beruf müssen ganz oder zeitweilig aufgegeben werden
- der persönliche und finanzielle Erfolg der Bildungsmaßnahme ist in aller Regel ungewiß – das Risiko, etwas aufzugeben ohne sicher etwas dafür zu bekommen, ist zwar kalkulierbar, aber nicht auszuschließen
- die neu zu erwerbenden Fähigkeiten sind meist nicht klar erkennbar, es bleibt fraglich, ob sie mit einem den Aufwand und das Risiko rechtfertigenden Gewinn eingesetzt werden können
- die Anforderungen an die theoretischen und schulischen Lernleistungen und Lernbedingungen sind ungewohnt – nicht praktische Fertigkeiten, sondern theoretische (Lern-)Fähigkeiten sollen eingesetzt werden; ein Lehrer-Schüler-Verhältnis wird »wieder« aufgebaut und Prüfungen müssen bestanden werden (»Schulbank drücken«)
- das Zutrauen in die eigenen Lernfähigkeiten – wie Konzentration, Texte lernen, theoretisch arbeiten, sich etwas merken und unter Prüfungsbedingungen anwenden können – ist gering; den meisten Arbeitnehmern sind auch die fachsprachlichen Texte und die »schulischen« Leistungsanforderungen an Rechen- und Schreibfertigkeiten zu kompliziert
- der zeitliche und finanzielle Aufwand ist oft groß und bringt einschneidende Veränderungen der privaten Lebensweise mit sich – z. B. Ortsveränderung, doppelte Haushaltsführung, geringeres Einkommen während der Weiterbildung, Belastung durch Prüfungsängste
- die organisatorischen Abläufe von Weiterbildungsgängen sind nicht oder ungenügend bekannt; ebenso ist unklar, welche

Bedingungen für die Aufnahme in die Bildungseinrichtung, für die Zulassung zur Prüfung etc. erfüllt sein müssen
- im Verwandten-, Bekannten- und Kollegenkreis wird Interessenten an beruflichen Weiterbildungsmaßnahmen eher abgeraten als Mut gemacht – dies erklärt sich sowohl aus dem Sicherheitsbedürfnis der Familie als auch aus der Unkenntnis über berufliche und persönliche Probleme des Interessenten und die sinnvollen Alternativen.

Die bisherigen Erfahrungen und Untersuchungen zeigen, daß die Erfolgschancen der Teilnehmer an Fortbildungs- oder Umschulungsmaßnahmen ganz entscheidend davon abhängen,

- mit welcher beruflichen Leistungsmotivation sie die Weiterbildung und den anschließenden zweiten Berufsstart betreiben,
- wie sie die Fortbildung bzw. den beruflichen Werdegang planen und vorbereiten und
- ob sie bestimmte berufliche oder soziale Ziele ganz bewußt anstreben (z. B. soziales Ansehen über beruflichen Aufstieg, mehr Sicherheit und Selbstvertrauen, höheres Einkommen).

Deshalb ist es gerade für Berufstätige wichtig, die qualifizierte berufliche Weiterbildung mit einem sehr kritischen Entscheidungsprozeß vorzubereiten. Jede Entscheidung zur Fortbildung oder Umschulung mit einem anerkannten Abschluß (Fortbildungs- oder Ausbildungsberuf) ist eine neue Berufswahl. Siehe hierzu Kapitel I.

Berufliche Weiterbildung kann dazu dienen,

- die berufliche Qualifikation zu erhalten
- die berufliche Qualifikation zu erweitern und zu erhöhen
- die berufliche Qualifikation fachlich zu verändern.

Sie kann nach den persönlichen Absichten des Interessenten

- auf Sicherung des Berufes und der bisherigen Beschäftigung oder
- auf beruflichen und sozialen Aufstieg oder
- auf den Umstieg in andere Berufe, Arbeitsbedingungen oder soziale Gruppen gerichtet sein.

In jedem Falle ist berufliche Weiterbildung ein Bildungsweg für Erwachsene. Berufliche Weiterbildung baut immer auf vorhandene berufliche Fähigkeiten (Kenntnisse und Fertigkeiten) bzw. auf Berufs- und Lebenserfahrung auf.

Methoden und Dauer der beruflichen Weiterbildung sind im allgemeinen darauf ausgerichtet. Der Unterricht soll erwachsenengerecht, die Dauer soll entschieden kürzer als etwa für vergleichbare Erstausbildungen sein.

Die Wege
der beruflichen Weiterbildung

Berufliche Weiterbildung kann sowohl *direkt* über den Besuch fachlicher Fortbildungs- oder Umschulungsmaßnahmen, weiterführender Fachschulen oder Hochschulen als auch *indirekt* über den Umweg höherqualifizierender schulischer Abschlüsse (Hauptschulabschluß, Realschulabschluß/mittlere Reife oder Abitur) erfolgen.

Grundsätzlich gilt: Jeder Schulabschluß kann nachgeholt werden!
Hierzu verhelfen berufsbegleitende Kurse von Bildungseinrichtungen, wie etwa die Volkshochschulen, private Lehranstalten, Abendrealschulen, Abendgymnasien, Berufsfachschulen, Berufsaufbauschulen, Fachoberschulen, Berufsoberschulen, Telekollegs, Fernlehrgänge etc.

Im einzelnen erteilen hier Auskünfte: die Arbeitsberater beim Arbeitsamt, die Schulämter bzw. Schulbehörden und die Kultusministerien.

Berufliche Fortbildung

Die berufliche Fortbildung kann organisiert sein

- als berufliche *Anpassung* vorhandener Kenntnisse über den Besuch von Übungs- oder Bildungskursen (z. B. für Frauen zum Wiedereintritt in das Berufsleben)
- als berufliche *Spezialisierung* im ausgeübten Beruf (z. B. Elektronik, Schweißtechnik, Datenverarbeitung, Mikroprozessoren, Arbeitssicherheit, Bilanzbuchhalter, Werbung/Öffentlichkeitsarbeit)
- als beruflicher *Aufstieg* über die Ausbildung in einem Fortbildungsberuf mit staatlich anerkanntem Abschluß.

Die qualifizierte Form der beruflichen Fortbildung ist die Ausbildung in einem Fortbildungsberuf mit anerkanntem Prüfungsabschluß (siehe hierzu § 46 Berufsbildungsgesetz). Diese Fortbildung vermittelt insbesondere der Besuch von staatlichen oder staatlich anerkannten Fachschulen und Meisterschulen der Kammern sowie der Besuch einer Fachhochschule oder Hochschule.

Die bekanntesten Bezeichnungen für Aufstiegsberufe mit staatlich anerkanntem Prüfungsabschluß sind Meister und Techniker in handwerklichen und technischen Berufen sowie Fachwirt, Betriebswirt und Bilanzbuchhalter in kaufmännischen und Büroberufen.
In gestaltenden und künstlerischen Berufen sind die Fortbildungswege sehr fachspezifisch geordnet. Bekannt ist hier insbesondere die Bezeichnung Designer (grad.).

Grundsätzlich gilt: Die einzelnen Weiterbildungsgänge sind unterschiedlich geregelt

Die wichtigsten Unterschiede ergeben sich wiederum daraus, ob die Fortbildung in den Zuständigkeitsbereich der Handwerks- oder Industrie- und Handelskammern fällt oder ob sie in schulischer Form nach Vorschriften des jeweiligen Kultusministeriums abgeleistet wird.
Soweit die Prüfung von einer Kammer abgenommen wird, erfolgt die Ausbildung im wesentlichen nach den Bestimmungen des Berufsbildungsgesetzes oder der Handwerksordnung. Dies gilt insbesondere für die Ausbildung in Fortbildungsberufen nach § 46 Berufsbildungsgesetz und für die Weiterbildung zum Meister (Handwerk oder Industrie).
Für die Weiterbildung zum Techniker und den Besuch entsprechender Fachschulen gelten in aller Regel die jeweiligen Bestimmungen des Bundeslandes, in dem die Schule ihren Sitz hat. Zur Vereinheitlichung der Ausbildungsdauer und für den Erwerb des mittleren Schulabschlusses und der Fachhochschulreife wurden mittlerweile von den Kultusministerien bundeseinheitliche Rahmenvereinbarungen beschlossen. Danach dauert eine Technikerausbildung an staatlichen oder staatlich anerkannten Fachschulen in Vollzeit im allgemeinen 4 Halbjahre und in berufsbegleitender Form 8 Halbjahre.

Im einzelnen ist festzuhalten:

Techniker sind sogenannte »mittlere Führungskräfte«, die hinsichtlich ihrer fachlichen Qualifikation zwischen dem Facharbeiter und dem Ingenieur (Fachhochschulausbildung) eingeordnet sind. Techniker ist eine Aufstiegsposition, die vor allem in der Industrie anzutreffen ist. Im Handwerk entspricht dieser Führungsposition der Handwerksmeister. Für den Besuch der Fachschule und die Zulassung zur Technikerprüfung wird im allgemeinen ein Hauptschulabschluß, eine abgeschlossene Berufsausbildung und eine ein- bis zweijährige Berufspraxis verlangt.

Handwerksmeister ist, wer eine Meisterprüfung nach § 41 Nrn. 1 und 2 der Handwerksordnung (HWO) und der hierzu für die verschiedenen Handwerksberufe ergangenen Verordnung mit Erfolg abgelegt hat. Gemeinsam für alle Handwerksberufe geltende Bestimmungen sind in der »Verordnung über gemeinsame Anforderungen« vom 12. Dezember 1972 festgelegt. Nach § 49 HWO darf zur Meisterprüfung zugelassen werden, wer eine Gesellenprüfung bestanden und eine mehrjährige praktische Tätigkeit im Prüfungsberuf ausgeübt hat. Zur Zulassung berechtigen auch einschlägige Facharbeiterprüfungen in der Industrie. Die Dauer der praktischen beruflichen Tätigkeit liegt zwischen 3 und 5 Jahren. Wer die Meisterprüfung bestanden und das 24. Lebensjahr vollendet hat, ist auch zur Ausbildung von Berufsnachwuchs berechtigt.

Werkmeister ist eine Bezeichnung, die vor allem in der Industrie anzutreffen ist. Sie wird durch Berufserfahrung und innerbetriebliche Anerkennung erworben. Geregelte Fortbildungslehrgänge und Prüfungen werden hier nicht vorgenommen (Sonderregelungen gibt es lediglich in der Textilindustrie).

Industriemeister werden ähnlich wie Handwerksmeister qualifiziert. Ihre Fortbildung und Prüfung wird von den einzelnen Industrie- und Handelskammern geregelt.

Weitere qualifizierte Fortbildungsberufe sind etwa der *Landwirtschaftsmeister*, der *Kellermeister*, der *Braumeister*, der *Küchenmeister*, die ebenso oder vergleichbar wie Handwerksmeister fortgebildet und durch die jeweils zuständige Kammer geprüft werden.

Im Rahmen des Berufsbildungsgesetzes (§ 46) werden darüber hinaus bundeseinheitlich (§ 46 Abs. 2) oder von den einzelnen Wirtschaftskammern und sonstigen zuständigen Stellen (§ 46 Abs. 1) weitere *Fortbildungsberufe* geordnet und anerkannt. In all diesen Fällen werden die Prüfungen nach einem geregelten Verfahren durchgeführt und berechtigen zur entsprechenden Berufsbezeichnung (z. B. Handelsfachwirt, Betriebswirt, Assistentin im Buchhandel, Zahnarzt-Assistentin, Städt. Hauswirtschafterin, Leitende Krankenschwester/Operationsschwester).

Bundeseinheitlich wurden bisher folgende Fortbildungsberufe geregelt: Geprüfte/r Sekretär/in, Geprüfter Wirtschaftsassistent – Industrie, Geprüfter Baumaschinenführer, Geprüfter Pharmareferent, Geprüfter Polier/Geprüfter Gerüstbaukolonnenführer.

Die Dauer der geregelten beruflichen Fortbildungswege ist unterschiedlich.

Sie reicht von mehrwöchigen bis zu mehrmonatigen Vorbereitungskursen. Sie können in Vollzeit-Lehrgängen, in Fernlehrgängen und berufsbegleitend abgelegt werden. Hier empfiehlt sich von

Fall zu Fall eine gezielte Information durch den Arbeitsberater beim Arbeitsamt oder durch die zuständige Kammer.

Wer sich mit Hilfe von *Fernlehrgängen* fortbilden will, muß wissen, daß hier besondere rechtliche Vorschriften dafür sorgen, daß mit einer soliden Ausbildung gerechnet werden kann. Das Fernunterrichtsschutzgesetz nimmt die Fern-Lehranstalten in die Pflicht und schützt vor allem den Interessenten und Kunden. Dies bezieht sich besonders auf die Verpflichtungen nach Auskunft über die Lehrgangsbedingungen und -anforderungen (Zeit, Ablauf, Prüfung, Anerkennung, Kosten) und auf das Rücktrittsrecht.

Besondere Auskünfte erteilt: Staatliche Zentralstelle für Fernunterricht der Länder (ZFU), Krebsgasse 5, 5000 Köln.

Die Fortbildung für Hoch- und Fachhochschulabgänger weist eine breite Palette von Aufbau- und Zusatzstudiengängen auf. Immer mehr Hochschulen haben in den letzten Jahren diese besonderen Qualifizierungsmaßnahmen entwickelt und in ihr Angebot aufgenommen. Im allgemeinen wird als Zugangsvoraussetzung ein Hochschul- oder Fachhochschulabschluß gefordert, meist ergänzt um eine gewisse Zeit der Berufserfahrung.

Nähere Auskünfte können entnommen werden u. a. dem Heft Nr. 3/1979 von »Uni« – Berufswahl-Magazin, Presse-Versand, Postfach 700, 7107 Neckarsulm.

Berufliche Umschulung

Die berufliche Umschulung löst eine tiefgreifende Veränderung der bisherigen Berufslaufbahn aus. Sie ist der Schritt zu einem neuen Beruf bzw. zu einer beruflichen Tätigkeit mit neuen beruflichen Inhalten. Umschüler sind berufliche Umsteiger! Umschulung heißt in der Konsequenz auch neue berufliche Ausbildung!

Deshalb wird die Entscheidung für eine berufliche Umschulung in aller Regel weniger von persönlichen Interessen an einer neuen Tätigkeit, als von beruflichen Zwängen diktiert. Diese Zwänge können in der Person des Umschülers liegen – wie nachlassendes gesundheitliches Leistungsvermögen im bisherigen Beruf, familiäre Veränderungen/Wohnortwechsel. Sie können aber auch in technologischen, wirtschaftlichen und beruflichen Entwicklungen begründet sein – wie Rationalisierung am Arbeitsplatz, Verlust selbständiger Leistung, Betriebsstillegung, Einsatz von Maschinen statt menschlicher Leistung.

Im Gegensatz zur beruflichen Fortbildung ist eine berufliche Umschulung auch immer sehr zeitaufwendig (meist 18 Monate) und fordert eine hohe Bereitschaft zur beruflichen Umstellung und Anpassung (Flexibilität).

Aus diesem Grunde sollte jeder Berufstätige die Entscheidung für oder gegen eine Umschulung mit einer kritischen *Berufswahl* vorbereiten. Gerade Erwachsene müssen sich in dieser Situation mit den Schlüsselfragen der Berufswahl auseinandersetzen: Was will ich, was kann ich, wie geht es? In den meisten Fällen sind es Ängste vor den Folgen einer gescheiterten zweiten Ausbildung, die eine positive Entscheidung für die Umschulung erschweren oder verhindern. Es empfiehlt sich, mit selbstkritischen Fragen die wirklichen Ursachen für die ablehnende Haltung zur Umschulung aufzudecken.

Da eine Umschulung im Ergebnis eine zweite Berufsausbildung ist, sollten auch alle Schritte einer systematischen Berufswahl durchdacht und vollzogen werden! Vor allem ist zu bedenken, daß die Bereitschaft bzw. Motivation wesentlich davon getragen wird, wie stark man etwas wirklich will. Dies wiederum hängt auch davon ab, ob man erkennt, wie sehr man unter der jetzigen Situation leidet und wieviel man sich zutraut.

Deshalb sollte keine Umschulung ohne gründliche Entscheidungs-Vorbereitung eingegangen oder abgelehnt werden.

Wichtige Entscheidungshilfen sind auch hier

- der Arbeitsberater beim Arbeitsamt
- der Fachpsychologe beim Arbeitsamt
- der Arbeitsamtsarzt
- der Ausbilder bei einer Umschulungsstätte
- das Gespräch mit ehemaligen Umschülern
- die genaue Kenntnis der künftigen Anforderungen im neuen Beruf
- das Vertrauen in die eigenen Fähigkeiten und Interessen, die in und durch die Umschulung ja aufgebaut und gestärkt werden.

Die Erfahrungen zeigen, daß Umschüler in aller Regel nicht nur die Ausbildung, sondern auch die spätere Berufsarbeit mit Erfolg meistern.

Die berufliche Umschulung kann

- als *Einzelmaßnahme* in einem Betrieb – ähnlich wie eine betriebliche Ausbildung – oder
- als *Gruppenmaßnahme* in einer überbetrieblichen Ausbildungseinrichtung von Kammern oder in privaten Erwachsenenbildungs- bzw. Berufsförderungseinrichtungen

abgeleistet werden.

Die Einzel-Umschulung im Betrieb ist zwar sehr praxisnah, hat aber zur Folge, daß zum Erlernen des theoretischen und oft auch von Teilen des fachpraktischen Wissens die Berufsschule (freiwillig) besucht werden muß.

Die überbetrieblichen Gruppenmaßnahmen sind im allgemeinen in Zeitblöcke für den theoretischen und fachpraktischen Unterricht in der Einrichtung und in die praktische Arbeit in einem Betrieb gegliedert. Im allgemeinen dauert eine Umschulung mit anschließender Prüfung 1½ bis maximal zwei Jahre. Die Prüfung wird wie im vergleichbaren Ausbildungsberuf vor der jeweils zuständigen Stelle – das ist meist die Handwerks- oder Industrie- und Handelskammer – abgelegt.

Nähere Auskünfte zu einzelnen Umschulungsgängen und über Umschulungseinrichtungen kann jedes Arbeitsamt erteilen.

Die Einzel-Umschulung im Betrieb hat den Vorteil, daß grundsätzlich jede Berufsausbildung nachgeholt werden kann. Außerdem erhält der Umschüler in der Regel eine Vergütung. Der Nachteil ist, daß viel Arbeit in die theoretischen Lernfächer gesteckt oder/und die Berufsschule besucht werden muß.

Die Gruppen-Maßnahme in einer Einrichtung zeichnet sich zweifellos dadurch aus, daß hier sehr konzentriert gearbeitet und gelernt werden kann. Die theoretische Unterweisung erfolgt in der Einrichtung, die Umschüler können sich gegenseitig helfen. Von Nachteil sind die räumliche und berufsfachliche Konzentration auf wenige Orte und Berufe sowie die hohen Kosten für die Umschulung (Lehrgangsgebühren, Unterkunft und Verpflegung). Siehe hierzu aber die finanziellen Förderungsmöglichkeiten bei Fortbildung und Umschulung.

Das Recht der beruflichen Fortbildung und Umschulung

Die wichtigsten Rechtsgrundlagen zur beruflichen Fortbildung und Umschulung sind im Berufsbildungsgesetz (BBiG) vom 7. September 1976 (BGBl I S. 2658) enthalten. Insbesondere sind die §§ 1, 46, 47, 49 und entsprechend die §§ 34 Abs. 2, 37, 38, 41 und 43 bei der Fortbildung und die §§ 23, 24 und 45 BBiG bei der Umschulung zu beachten.

Das bedeutet, daß mit dem Berufsbildungsgesetz zum einen

- für die Fortbildung und Umschulung einheitlich festgelegt wird, welche Ziele diese Form der beruflichen Bildung verfolgt,

- wie Nachweise von Kenntnissen, Fertigkeiten und Erfahrungen durch Prüfungen erbracht werden können,
- wie Prüfungen abgehalten werden müssen und wer zuständig ist und
- wer eine Umschulung durchführen darf.

Für handwerkliche Berufe gilt anstelle des Berufsbildungsgesetzes die Handwerksordnung.

Anders als bei der Fortbildung schreibt das Berufsbildungsgesetz und dann entsprechend die Handwerksordnung bei Umschulungen in einen anerkannten Ausbildungsberuf vor, daß das Ausbildungsberufsbild, der Ausbildungsrahmenplan und die Prüfungsanforderungen der Ausbildung zugrundezulegen sind. Dabei ist zu berücksichtigen (zeitlich und inhaltlich), daß es sich um Erwachsene handelt. Im übrigen ist die zuständige Stelle für die Berufsausbildung, also in aller Regel die Kammer, gehalten, über die Umschulung zu wachen.

Im Gegensatz zur Berufsausbildung wird bei Fortbildungen und Umschulungen kein Ausbildungsvertrag mit besonderen Rechten und Pflichten des Ausbilders und des Auszubildenden abgeschlossen.

Fortbildungsmaßnahmen in über- bzw. außerbetrieblichen Einrichtungen (Volkshochschule, Berufsförderungswerke, Schulungswerkstätten der Kammern) liegen freie Dienstverträge (§ 611 BGB) zugrunde. Der Fortzubildende bzw. der Lehrgangsteilnehmer zahlt eine Vergütung für eine Dienstleistung (nämlich Unterricht), die der Lehrgangsträger erbringt.

In gleicher Weise werden bei überbetrieblichen Umschulungsmaßnahmen Dienstleistungsverträge abgeschlossen mit der Sonderregelung, daß für Umschulungen in anerkannte Ausbildungsberufe nach § 47 BBiG das Ausbildungsberufsbild, der Ausbildungsrahmenplan und die Prüfungsanforderungen Bestandteil eines Dienstvertrages sein müssen.

Im Falle einer betrieblichen Umschulung wird man von einer Sonderform des Arbeitsvertrages sprechen können, wenn der Umschüler ähnlich wie ein Auszubildender mitarbeitet und eine frei zu vereinbarende Vergütung erhält. Damit ist der Umschüler nämlich in den Betrieb eingegliedert und unterwirft sich dem Weisungsrecht der Betriebsleitung. Das Berufsbildungsgesetz (insbesondere § 47) ist auch hier zu beachten.

Die Förderung der beruflichen Fortbildung und Umschulung

Die berufliche Fortbildung und Umschulung wird nach den Bestimmungen

- der §§ 33 bis 38 und 41 bis 47 Arbeitsförderungsgesetz in der Fassung vom 1. 1. 1981 und

- der Anordnung des Verwaltungsrats der Bundesanstalt für Arbeit über die individuelle Förderung der beruflichen Fortbildung und Umschulung in der Fassung vom 25. Juni 1980

von den Arbeitsämtern gefördert.

Auf diese Förderung besteht ein Rechtsanspruch, wenn die geforderten Voraussetzungen vorliegen. Bestimmte Voraussetzungen müssen vom Teilnehmer, andere wiederum von der Einrichtung erbracht werden.
Von dem Teilnehmer an einer Fortbildungs- oder Umschulungsmaßnahme wird verlangt,

- daß er beabsichtigt, innerhalb von vier Jahren nach Abschluß der Fortbildung oder Umschulung mindestens drei Jahre lang als Arbeitnehmer zu arbeiten (das Arbeitsamt kann hierzu auch eine schriftliche Verpflichtung verlangen – z. B. bei Meisterschülern),

- daß er für die angestrebte berufliche Tätigkeit geeignet ist und voraussichtlich die Fortbildung oder Umschulung bewältigen wird (persönliche Eignung),

- daß durch die Fortbildung oder Umschulung seine berufliche Situation künftig verbessert wird (arbeitsmarktpolitische Zweckmäßigkeit),

- daß er nach einer abgeschlossenen Berufsausbildung mindestens drei Jahre lang beruflich tätig war; wenn er noch keine Berufsausbildung hat, muß er mindestens sechs Jahre lang beruflich tätig gewesen sein (Zeiten der Arbeitslosigkeit werden angerechnet) – diese Wartezeiten verkürzen sich um zwei Jahre, wenn die Fortbildungs- oder Umschulungsmaßnahme nicht länger als 6 Monate bzw. bei Teilzeitunterricht nicht länger als 24 Monate dauert).

Von der Fortbildungsmaßnahme wird gefordert,

- daß sie geeignet ist, berufliche Kenntnisse und Fertigkeiten festzustellen, zu erhalten, zu erweitern oder der technischen Entwicklung anzupassen oder den beruflichen Aufstieg zu ermöglichen,
- daß sie für die Teilnahme eine Berufsausbildung oder angemessene Berufserfahrung als Zugangsvoraussetzung verlangt,
- daß sie länger als zwei Wochen dauert und mindestens 50 Unterrichtsstunden umfaßt, aber nicht länger als zwei Jahre dauert.

Die Umschulungsmaßnahme

- muß das Ziel haben, den Übergang in eine geeignete berufliche Tätigkeit zu ermöglichen, und insbesondere die berufliche Beweglichkeit sichern und verbessern,
- darf nicht länger als im Normalfall zwei, höchstens aber drei Jahre dauern.

Fortbildungs- und Umschulungsmaßnahmen müssen angemessene Teilnahmebedingungen fordern, d. h. insbesondere, daß die Kosten für den Lehrgang, das Lehrmaterial und eventuell für Unterkunft und Verpflegung nachprüfbar und akzeptabel sein müssen.

Die Maßnahme kann mit ganztägigem Unterricht, berufsbegleitend mit Teilzeitunterricht oder im Fernunterricht durchgeführt werden. Eine erfolgreiche berufliche Bildung muß (personell und organisatorisch) gewährleistet sein.

Leistungen:

Bei Vorliegen dieser Voraussetzungen erhält der Teilnehmer vom Arbeitsamt

- die Lehrgangsgebühren (eigene Aufwendungen sind hier nicht immer auszuschließen)
- Lernmittel
- Fahrkosten zwischen Wohnung und Bildungseinrichtung
- Arbeitskleidung
- Unterkunft und Verpflegungszuschuß bei auswärtiger Unterbringung

- Kranken- und Unfallversicherung und
- Unterhaltsgeld (§ 44 Arbeitsförderungsgesetz).

Das Unterhaltsgeld wird jedoch nur gewährt, wenn die Fortbildung oder Umschulung in einem ganztägigen Unterricht vermittelt wird (mindestens 5 Unterrichtsstunden an 5 Tagen jeder Woche) *und* wenn der Teilnehmer innerhalb der letzten drei Jahre vor Beginn der Maßnahme mindestens zwei Jahre als Arbeitnehmer Beiträge zur Bundesanstalt für Arbeit entrichtet oder Arbeitslosengeld für die Dauer von mindestens 156 Tagen bezogen hat. Diese Zeit der Arbeitnehmertätigkeit kann in Ausnahmefällen durch eine Erklärung ersetzt werden, mit der sich der Teilnehmer verpflichtet, im Anschluß an die Maßnahme mindestens drei Jahre als Arbeitnehmer zu arbeiten.

Das Unterhaltsgeld beträgt entweder 80% oder 58% in etwa des bisherigen Nettogehalts.

80% erhalten diejenigen Teilnehmer, die vor Eintritt in die Fortbildungs- oder Umschulungsmaßnahme beim Arbeitsamt arbeitslos gemeldet sind *oder* (glaubhaft) von Arbeitslosigkeit unmittelbar bedroht sind *oder* keinen beruflichen Abschluß haben *oder* einen Beruf erlernen wollen, in dem Arbeitskräftemangel herrscht.

Vermittlung in Arbeit geht bei Arbeitslosen und von Arbeitslosigkeit bedrohten Personen vor.

Danach beträgt das Unterhaltsgeld beispielsweise bei einem Brutto-Wochenverdienst von 500,– DM je nach Steuerklasse

- bei 80% zwischen 183,60 DM und 270,60 DM je Woche
- bei 58% zwischen 133,20 DM und 213,60 DM je Woche.

Die Förderung muß vor Beginn der Maßnahme beim Arbeitsamt beantragt werden.

TEIL III

Anhang

Bezeichnungen für berufsbildende Schulen

– Beschluß der Kultusministerkonferenz –
Vom 3. Dezember 1975
(GMBl. 1976 Nr. 10 S. 131)

I.

Die Kultusministerkonferenz kommt überein, im beruflichen Schulwesen folgende Bezeichnungen zu verwenden:

Berufsschule,

Berufsfachschule,

Berufsaufbauschule,

Fachoberschule,

Fachschule

1. **Berufsschulen** sind Schulen, die von Berufschulpflichtigen/Berufschulberechtigten besucht werden, die sich in der beruflichen Erstausbildung befinden oder in einem Arbeitsverhältnis stehen. Sie haben die Aufgabe, dem Schüler allgemeine und fachliche Lerninhalte unter besonderer Berücksichtigung der Anforderungen der Berufsausbildung zu vermitteln. Der Unterricht erfolgt in Teilzeitform an einem oder mehreren Wochentagen oder in zusammenhängenden Teilabschnitten (Blockunterricht); er steht in enger Beziehung zur Ausbildung in Betrieben einschließlich überbetrieblicher Ausbildungsstätten. Im Rahmen einer in Grund- und Fachstufe gegliederten Berufsausbildung kann die Grundstufe als Berufsgrundbildungsjahr mit ganzjährigem Vollzeitunterricht oder im dualen System in kooperativer Form geführt werden.

2. **Berufsfachschulen** sind Schulen mit Vollzeitunterricht von mindestens einjähriger Dauer, für deren Besuch keine Berufsausbildung oder berufliche Tätigkeit vorausgesetzt wird. Sie haben die Aufgabe, allgemeine und fachliche Lerninhalte zu vermitteln und den Schüler zu befähigen, den Abschluß in einem anerkannten Ausbildungsberuf oder einem Teil der Berufsausbildung in einem oder mehreren anerkannten Ausbildungsberufen zu erlangen oder ihn zu einem Berufsausbildungsabschluß zu führen, der nur in Schulen erworben werden kann.

3. **Berufsaufbauschulen** sind Schulen, die neben einer Berufsschule oder nach erfüllter Berufsschulpflicht von Jugendlichen besucht werden, die in einer Berufsausbildung stehen oder eine solche abgeschlossen haben. Sie vermitteln eine über das Ziel der Berufsschule hinausgehende allgemeine und fachtheoretische Bildung und führen zu einem dem Realschulabschluß gleichwertigen Bildungsstand (»Fachschulreife«). Der Bildungsgang umfaßt in Vollzeitform mindestens 1 Jahr, in Teilzeitform einen entsprechend längeren Zeitraum.

4. **Fachoberschulen** sind Schulen, die – aufbauend auf einem Realschulabschluß oder einem als gleichwertig anerkannten Abschluß – allgemeine, fachtheorethische und fachpraktische Kenntnisse und Fähigkeiten vermitteln und zur Fachhochschulreife[*]) führen.

Die 11. Klasse umfaßt Unterricht und fachpraktische Ausbildung; der Besuch der 11. Klasse kann durch eine einschlägige Berufsausbildung ersetzt werden.

Der Unterricht in Klasse 12 wird in der Regel in Vollzeitform erteilt; wird er in Teilzeitform erteilt, dauert er mindestens zwei Jahre.

5. **Fachschulen** sind Schulen, die grundsätzlich den Abschluß einer einschlägigen Berufsausbildung oder eine entsprechende praktische Berufstätigkeit voraussetzen; als weitere Voraussetzung wird in der Regel eine zusätzliche Berufsausübung gefordert.

Sie führen zu vertiefter beruflicher Fachbildung und fördern die Allgemeinbildung. Bildungsgänge an Fachschulen in Vollzeitform dauern in der Regel 1 Jahr, Bildungsgänge an Fachschulen in Teilzeitform dauern entsprechend länger.

II.

1. Berufsschulen, Berufsfachschulen und Fachschulen behalten diese Bezeichnung, auch wenn sie unmittelbar oder über ein Angebot von Ergänzungskursen und Zusatzprüfungen weiterführende Abschlüsse ermöglichen.

2. Bildungsgänge in Vollzeitform, die nicht mindestens 1 Jahr dauern, sind als Lehrgänge zu bezeichnen.

---

[*]) Erwerb der Fachhochschulreife in Rheinland-Pfalz nur in Verbindung mit einer abgeschlossenen Berufsausbildung.

Anhang

1. In einigen Ländern werden gegenwärtig folgende Bezeichnungen im beruflichen Schulwesen verwendet:

>Berufsoberschule,
>
>Fachakademie,
>
>Berufskolleg,
>
>Berufsakademie.

Berufsoberschulen sind Schulen mit Vollzeitunterricht, die – aufbauend auf einer abgeschlossenen Berufsausbildung bzw. einer entsprechenden Berufspraxis und Realschulabschluß bzw. einem gleichwertigen Abschluß – eine allgemeine und fachtheoretische Bildung vermitteln und in mindestens 2 Jahren zur fachgebundenen Hochschulreife führen.

Fachakademien sind berufliche Bildungseinrichtungen, die den Realschulabschluß oder einen gleichwertigen Schulabschluß voraussetzen und in der Regel im Anschluß an eine dem Ausbildungsziel dienende berufliche Ausbildung oder praktische Tätigkeit auf den Eintritt in eine angehobene Berufslaufbahn vorbereiten. Der Ausbildungsgang umfaßt bei Vollzeitunterricht mindestens 2 Jahre.

Berufskollegs sind berufliche Bildungseinrichtungen, die den Realschulabschluß oder einen gleichwertigen Schulabschluß voraussetzen. Sie führen in ein bis drei Jahren zu einer beruflichen Erstqualifikation und können bei mindestens zweijähriger Dauer unter besonderen Voraussetzungen auch zur Fachhochschulreife führen. Das Berufskolleg wird in der Regel als Vollzeitschule geführt; es kann in einzelnen Typen in Kooperation mit betrieblichen Ausbildungsstätten auch in Teilzeitunterricht durchgeführt werden.

Die **Berufsakademien** sind Einrichtungen des tertiären Bildungsbereichs außerhalb der Hochschule.

Die Ausbildung findet an der Studienakademie (Lernort Theorie) und den betrieblichen Ausbildungsstätten (Lernort Praxis) statt und dauert 3 Jahre. Sie führt Abiturienten in Stufen zu einem wissenschaftlichen und berufsqualifizierten Abschluß, der mit einem Hochschulabschluß vergleichbar ist.

2. Die in einigen Ländern eingerichteten Fachgymnasien/Berufliche Gymnasien sind Gymnasien in Aufbauform, die aufbauend auf einem Realschulabschluß oder einem als gleichwertig anerkannten Abschluß mit einem beruflichen Schwerpunkt zur allgemeinen oder zur fachgebundenen Hochschulreife führen. Sie können durch das Angebot in beruflichen Schwerpunkten – gegebenenfalls in Verbindung mit Zusatzpraktika – einen Teil der Berufsausbildung vermitteln oder den Abschluß in einem anerkannten Beruf ermöglichen.

Vereinbarung über Fachrichtungen an Fachhochschulen

Beschluß der KMK vom 6. September 1973 in der Fassung vom 14. 11. 1980

In Anpassung an das Hochschulrahmengesetz (HRG) insbesondere an § 18 HRG, hat die Kultusministerkonferenz (KMK) ihre Vereinbarungen über die Fachrichtungen sowie die Graduierungen an Fachhochschulen überarbeitet und in einer neuen Vereinbarung zusammengefaßt. Die neue »Vereinbarung über Fachrichtungen an Fachhochschulen« vom 14. 11. 1980 (die die Vereinbarungen der Kultusministerkonferenz über Fachrichtungen an Fachhochschulen, soweit es sich nicht um integrierte Studiengänge handelt, vom 6. 9. 1973 i.d.F. vom 17. 9. 1976 sowie über die an Fachhochschulen zu verteilenden akademischen Grade vom 20. 1. 1973 i.d.F. vom 17. 9. 1976 ablöst) hat folgenden Wortlaut:

Zur Gewährung einheitlicher Bezeichnungen der Fachrichtungen und Abschlußgrade an Fachhochschulen und zu ihrer Vergleichbarkeit im gesamten Hochschulbereich wurde vereinbart:

I.

Die Fachhochschulen bieten ein Studium, das zum ersten berufsqualifizierenden Abschluß führt (§ 10 Abs. 2 bis 4 HRG), in folgenden Fachrichtungen an:

1. Bibliotheks- und Dokumentationswesen
2. Design (Gestaltung)

3. Ernährung und Hauswirtschaft
4. Finanzen
5. Forstwirtschaft
6. Informatik
7. Ingenieurwesen
8. Mathematik
9. Rechtspflege
10. Religionspädagogik und kirchliche Bildungsarbeit
11. Seefahrt (Nautik)
12. Sozialwesen
13. Übersetzen und Dolmetschen
14. Verwaltung
15. Wirtschaft
16. Wirtschaftsingenieurwesen
    (einschließlich Transportwesen)

II.

Diese Fachrichtungen können wie folgt untergliedert werden:
1.   Design (Gestaltung)
1.1   Design (Gestaltung)
1.2   Innenarchitektur
2.   Ingenieurwesen
2.1   Architektur
2.2   Bauingenieurwesen
2.3   Bekleidungstechnik
2.4   Bergbau
2.5   Betriebstechnik (einschließlich Anlagen- und Schiffsbetriebstechnik)
2.6   Chemieingenieurwesen
2.7   Druckereitechnik
2.8   Elektrotechnik
2.9   Ernährungs- und Haushaltstechnik
2.10   Feinwerktechnik
2.11   Gartenbau
2.12   Holztechnik
2.13   Hütten- und Gießereitechnik
2.14   Innenarchitektur
2.15   Keramik
2.16   Kunststofftechnik

2.17 Landbau/Landwirtschaft
2.18 Landespflege
2.19 Lebensmitteltechnologie
2.20 Maschinenbau (einschließlich Fahrzeugtechnik, Kerntechnik, Luftfahrttechnik u. a.)
2.21 Metallbau
2.22 Physikalische Technik
2.23 Produktionstechnik
2.24 Schiffbau
2.25 Stahlbau
2.26 Technisches Gesundheitswesen (einschließlich Bioingenieurwesen)
2.27 Textiltechnik
2.28 Verfahrenstechnik
2.29 Vermessungswesen (einschließlich Kartographie)
2.30 Versorgungstechnik
2.31 Weinbau
2.32 Werkstofftechnik
3. Sozialwesen
3.1 Sozialarbeit
3.2 Sozialpädagogik
4. Verwaltung
4.1 Arbeits- und Berufsberatung
4.2 Verwaltung
5. Wirtschaft
5.1 Betriebswirtschaft
5.2 Wirtschaft

III.

Innerhalb der Fachrichtungen können verschiedene Studiengänge, Studienrichtungen und Studienschwerpunkte vorgesehen werden.

IV.

Den in Abschnitt I aufgeführten Fachrichtungen werden folgende Diplomgrade einschließlich Abkürzungen (soweit bereits vorhanden) zugeordnet:

Ziffer 1 Diplom-Bibliothekar/Diplom-Dokumentar
Ziffer 2 Diplom-Designer

Ziffer 3 Diplom-Oecotrophologe
Ziffer 4 Diplom-Finanzwirt
Ziffer 5 Diplom-Forstingenieur (Dipl.-Forsting.)
Ziffer 6 Diplom-Informatiker (Dipl.-Inform.)
Ziffer 7 Diplom-Ingenieur (Dipl.-Ing.)
Ziffer 8 Diplom-Mathematiker (Dipl.-Math.)
Ziffer 9 Diplom-Rechtspfleger
Ziffer 10 Diplom-Religionspädagoge
Ziffer 11 Diplom-Wirtschaftsingenieur für Seeverkehr/Diplom-Nautiker
Ziffer 12 Diplom-Sozialarbeiter/Diplom-Sozialpädagoge
Ziffer 13 Diplom-Dolmetscher/Diplom-Übersetzer
Ziffer 14 Diplom-Verwaltungswirt
Ziffer 15 Diplom-Betriebswirt/Diplom-Kaufmann (Dipl.-Kfm.)
Ziffer 16 Diplom-Wirtschaftsingenieur

Protokollnotizen:

1. Unbeschadet von diesem Beschluß bleibt, inwieweit dem Diplomgrad ein Zusatz angefügt werden kann, der die Hochschulart kennzeichnet.
2. Die Länder nehmen zur Kenntnis, daß in Niedersachsen für die Fachrichtung »Freie Kunst« der Abschlußgrad »Diplom-Künstler« vorgesehen ist.
3. Mit Rücksicht auf die landesrechtliche Entwicklung im Fachhochschulbereich geht Bayern davon aus, daß die in Abschnitt II genannten Untergliederungen auch Fachrichtungen sein können.
4. Bayern geht davon aus, daß diese Vereinbarung dem nach Landesrecht erforderlichen Zusatz »FH« zum Diplom-Grad nicht entgegensteht.
5. Niedersachsen und Bayern behalten sich vor, anstelle des Grades »Diplom-Forstingenieur« den »Diplom-Ingenieur« zu verleihen.
6. In Nordrhein-Westfalen wird aufgrund Landesrechts an kirchlichen Fachhochschulen auch der akademische Grad eines »Dipl.-Heilpädagogen« verliehen.
7. Das Land Baden-Württemberg behält sich vor, für die Absolventen der internen Fachhochschule für Forstwirtschaft einen Diplom-Grad mit einer von der Bezeichnung »Dipl.-Forstingenieur« abweichenden Bezeichnung festzulegen.

---

* FH = Fachhochschule

Ausbildungsvertragsmuster nach dem Berufsbildungsgesetz

§ 1 – Ausbildungszeit

1. (Dauer)

   Die Ausbildungszeit beträgt nach der Ausbildungsordnung _____ Jahre.

   Hierauf wird die Berufsausbildung zum _____

   eine Vorbildung/Ausbildung in _____

   mit _____ Monaten angerechnet.

   Das Berufsausbildungsverhältnis beginnt am _____ und

   endet am _____

2. (Probezeit)

   Die Probezeit beträgt _____ Monate[1]). Wird die Ausbildung während der Probezeit um mehr als ein Drittel dieser Zeit unterbrochen, so verlängert sich die Probezeit um den Zeitraum der Unterbrechung.

3. (Vorzeitige Beendigung des Berufsausbildungsverhältnisses)

   Besteht der Auszubildende vor Ablauf der unter Nr. 1 vereinbarten Ausbildungszeit die Abschlußprüfung, so endet das Berufsausbildungsverhältnis mit Bestehen der Abschlußprüfung.

4. (Verlängerung des Berufsausbildungsverhältnisses)

   Besteht der Auszubildende die Abschlußprüfung nicht, so verlängert sich das Berufsausbildungsverhältnis auf sein Verlangen bis zur nächstmöglichen Wiederholungsprüfung, höchstens um ein Jahr.

---

[1]) Die Probezeit muß mindestens einen Monat und darf höchstens drei Monate betragen.

§ 2 – Ausbildungsstätte(n)

Die Ausbildung findet vorbehaltlich der Regelungen nach § 3 Nr. 12 in

_____

_____

_____

und den mit dem Betriebssitz für die Ausbildung üblicherweise zusammenhängenden Bau-, Montage- und sonstigen Arbeitsstellen statt.

§ 3 – Pflichten des Ausbildenden

Der Ausbildende verpflichtet sich,

1. (Ausbildungsziel)
   dafür zu sorgen, daß dem Auszubildenden die Fertigkeiten und Kenntnisse vermittelt werden, die zum Erreichen des Ausbildungszieles nach der Ausbildungsordnung erforderlich sind, und die Berufsausbildung nach den beigefügten Angaben zur sachlichen und zeitlichen Gliederung des Ausbildungsablaufs so durchzuführen, daß das Ausbildungsziel in der vorgesehenen Ausbildungszeit erreicht werden kann;

2. (Ausbilder)
   selbst auszubilden oder einen persönlich und fachlich geeigneten Ausbilder ausdrücklich damit zu beauftragen und diesen dem Auszubildenden jeweils schriftlich bekanntzugeben;

3. (Ausbildungsordnung)
   dem Auszubildenden vor Beginn der Ausbildung die Ausbildungsordnung kostenlos auszuhändigen;

4. (Ausbildungsmittel)
   dem Auszubildenden kostenlos die Ausbildungsmittel, insbesondere Werkzeuge, Werkstoffe und Fachliteratur zur Verfügung zu stellen, die für die Ausbildung in den betrieblichen und überbetrieblichen Ausbildungsstätten und zum Ablegen von Zwischen- und Abschlußprüfungen, auch soweit solche

nach Beendigung des Berufsausbildungsverhältnisses und in zeitlichem Zusammenhang damit stattfinden, erforderlich sind[2]);

5. (Besuch der Berufsschule und von Ausbildungsmaßnahmen außerhalb der Ausbildungsstätte)

   den Auszubildenden zum Besuch der Berufsschule anzuhalten und freizustellen. Das gleiche gilt, wenn Ausbildungsmaßnahmen außerhalb der Ausbildungsstätte vorgeschrieben oder nach Nr. 12 durchzuführen sind;

6. (Berichtsheftführung)

   dem Auszubildenden vor Ausbildungsbeginn und später die Berichtshefte für die Berufsausbildung kostenfrei auszuhändigen und ihm Gelegenheit zu geben, das Berichtsheft in der Form eines Ausbildungsnachweises während der Ausbildungszeit zu führen, sowie die ordnungsgemäße Führung durch regelmäßige Abzeichnung zu überwachen, soweit Berichtshefte im Rahmen der Berufsausbildung veranlagt werden;

7. (Ausbildungsbezogene Tätigkeiten)

   dem Auszubildenden nur Verrichtungen zu übertragen, die dem Ausbildungszweck dienen und seinen körperlichen Kräften angemessen sind;

8. (Sorgepflicht)

   dafür zu sorgen, daß der Auszubildende charakterlich gefördert sowie sittlich und körperlich nicht gefährdet wird;

9. (Ärztliche Untersuchungen)

   von dem jugendlichen Auszubildenden sich Bescheinigungen gemäß §§ 32, 33 Jugendarbeitsschutzgesetz darüber vorlegen zu lassen, daß dieser

   a) vor der Aufnahme der Ausbildung untersucht und

   b) vor Ablauf des ersten Ausbildungsjahres nachuntersucht worden ist;

---

[2]) Der Auszubildende kann das Prüfungsstück gegen Erstattung der Materialselbstkosten erwerben.

10. (Eintragungsantrag)

    unverzüglich nach Abschluß des Berufsausbildungsvertrages die Eintragung in das Verzeichnis der Berufsausbildungsverhältnisse bei der zuständigen Stelle unter Beifügung der Vertragsniederschriften und – bei Auszubildenden unter 18 Jahren – einer Kopie oder Mehrfertigung der ärztlichen Bescheinigung über die Erstuntersuchung gemäß § 32 Jugendarbeitsschutzgesetz zu beantragen; entsprechendes gilt bei späteren Änderungen des wesentlichen Vertragsinhaltes;

11. (Anmeldung zu Prüfungen)

    den Auszubildenden rechtzeitig zu den angesetzten Zwischen- und Abschlußprüfungen anzumelden und für die Teilnahme freizustellen sowie der Anmeldung zur Zwischenprüfung bei Auszubildenden unter 18 Jahren eine Kopie oder Mehrfertigung der ärztlichen Bescheinigung über die erste Nachuntersuchung gemäß § 33 Jugendarbeitsschutzgesetz beizufügen;

12. (Ausbildungsmaßnahmen außerhalb der Ausbildungsstätte)

§ 4 – Pflichten des Auszubildenden

Der Auszubildende hat sich zu bemühen, die Fertigkeiten und Kenntnisse zu erwerben, die erforderlich sind, um das Ausbildungsziel zu erreichen. Er verpflichtet sich insbesondere,

1. (Lernpflicht)

    die ihm im Rahmen seiner Berufsausbildung übertragenen Verrichtungen und Aufgaben sorgfältig auszuführen;

2. (Berufsschulunterricht, Prüfungen und sonstige Maßnahmen)

    am Berufsschulunterricht und an Prüfungen sowie an Ausbildungsmaßnahmen außerhalb der Ausbildungsstätte teilzunehmen, für die er nach § 3 Nr. 5 und 12 freigestellt wird;

3. (Weisungsgebundenheit)

    den Weisungen zu folgen, die ihm im Rahmen der Berufsausbildung vom Ausbildenden, vom Ausbilder oder von anderen weisungsberechtigten Personen, soweit sie als weisungsberechtigt bekannt gemacht worden sind, erteilt werden;

4. (Betriebliche Ordnung)

    die für die Ausbildungsstätte geltende Ordnung zu beachten;

5. (Sorgfaltspflicht)

   Werkzeug, Maschinen und sonstige Einrichtungen pfleglich zu behandeln und sie nur zu den ihm übertragenen Arbeiten zu verwenden;

6. (Betriebsgeheimnisse)

   über Betriebs- und Geschäftsgeheimnisse Stillschweigen zu wahren;

7. (Berichtsheftführung)

   ein vorgeschriebenes Berichtsheft ordnungsgemäß zu führen und regelmäßig vorzulegen;

8. (Benachrichtigung)

   bei Fernbleiben von der betrieblichen Ausbildung, vom Berufsschulunterricht oder von sonstigen Ausbildungsveranstaltungen dem Ausbildenden unter Angabe von Gründen unverzüglich Nachricht zu geben und ihm bei Krankheit oder Unfall spätestens am dritten Tag eine ärztliche Bescheinigung zuzuleiten;

9. (Ärztliche Untersuchungen)

   soweit auf ihn die Bestimmungen des Jugendarbeitsschutzgesetzes Anwendung finden, sich gemäß §§ 32 und 33 dieses Gesetzes ärztlich

   a) vor Beginn der Ausbildung untersuchen
   b) vor Ablauf des ersten Ausbildungsjahres nachuntersuchen
      zu lassen

   und die Bescheinigungen hierüber dem Ausbildenden vorzulegen.

§ 5 – Vergütung und sonstige Leistungen

1. (Höhe und Fälligkeit)

   Der Ausbildende zahlt dem Auszubildenden eine angemessene Vergütung; sie beträgt z. Z. monatlich

   DM _____ brutto im ersten Ausbildungsjahr

   DM _____ brutto im zweiten Ausbildungsjahr

   DM _____ brutto im dritten Ausbildungsjahr

   DM _____ brutto im vierten Ausbildungsjahr.

Soweit Vergütungen tariflich geregelt sind, gelten mindestens die tariflichen Sätze.
Eine über die vereinbarte regelmäßige Ausbildungszeit hinausgehende Beschäftigung wird besonders vergütet.
Die Vergütung wird spätestens am letzten Arbeitstag des Monats gezahlt. Das auf die Urlaubszeit entfallende Entgelt (Urlaubsentgelt) wird vor Antritt des Urlaubs ausgezahlt.
Die Beiträge für die Sozialversicherung tragen die Vertragschließenden nach Maßgabe der gesetzlichen Bestimmungen.

2. (Sachleistungen)

    Soweit der Ausbildende dem Auszubildenden Kost und/oder Wohnung gewährt, gilt die in der Anlage beigefügte Regelung.

3. (Kosten für Maßnahmen außerhalb der Ausbildungsstätte)

    Der Ausbildende trägt die Kosten für Maßnahmen außerhalb der Ausbildungsstätte gemäß § 3 Nr. 5, soweit sie nicht anderweitig gedeckt sind. Ist eine auswärtige Unterbringung erforderlich, so können dem Auszubildenden anteilige Kosten für Verpflegung in dem Umfang in Rechnung gestellt werden, in dem dieser Kosten einspart. Die Anrechnung von anteiligen Kosten und Sachbezugswerten nach § 10 (2) BBiG darf 50% der vereinbarten Bruttovergütung nicht übersteigen.

4. (Berufskleidung)

    Wird vom Ausbildenden eine besondere Berufskleidung vorgeschrieben, so wird sie von ihm zur Verfügung gestellt.

5. (Fortzahlung der Vergütung)

    Dem Auszubildenden wird die Vergütung auch gezahlt
    a) für die Zeit der Freistellung gem. § 3 Nr. 5 und 11 dieses Vertrages sowie gemäß § 10 Abs. 1 Nr. 2 und § 43 Jugendarbeitsschutzgesetz
    b) bis zur Dauer von 6 Wochen, wenn er
        aa) sich für die Berufsausbildung bereithält, diese aber ausfällt,
        bb) infolge unverschuldeter Krankheit nicht an der Berufsausbildung teilnehmen kann o d e r
        cc) aus einem sonstigen, in seiner Person liegenden Grund unverschuldet verhindert ist, seine Pflichten aus dem Berufsausbildungsverhältnis zu erfüllen.

§ 6 – Ausbildungszeit und Urlaub

1. (Tägliche Ausbildungszeit)

   Die regelmäßige tägliche Ausbildungszeit beträgt

   _____ Stunden[3]).

2. (Urlaub)

   Der Ausbildende gewährt dem Auszubildenden Urlaub nach den geltenden Bestimmungen. Es besteht ein Urlaubsanspruch

   auf _____ Werktage oder _____ Arbeitstage im Jahre _____

   auf _____ Werktage oder _____ Arbeitstage im Jahre _____

   auf _____ Werktage oder _____ Arbeitstage im Jahre _____

   auf _____ Werktage oder _____ Arbeitstage im Jahre _____

   auf _____ Werktage oder _____ Arbeitstage im Jahre _____

3. (Lage des Urlaubs)

   Der Urlaub soll zusammenhängend und in der Zeit der Berufsschulferien erteilt und genommen werden. Während des Urlaubs darf der Auszubildende keine dem Urlaubszweck widersprechende Erwerbsarbeit leisten.

§ 7 – Kündigung

1. (Kündigung während der Probezeit)

   Während der Probezeit kann das Berufsausbildungsverhältnis ohne Einhaltung einer Kündigungsfrist und ohne Angabe von Gründen gekündigt werden.

2. (Kündigungsgründe)

   Nach der Probezeit kann das Berufsausbildungsverhältnis nur gekündigt werden

---

[3]) Nach dem Jugendarbeitsschutzgesetz beträgt die höchstzulässige tägliche Arbeitszeit (Ausbildungszeit) bei noch nicht 18 Jahre alten Personen 8 Stunden. Im übrigen sind die Vorschriften des Jugendarbeitsschutzgesetzes über die höchstzulässigen Wochenarbeitszeiten zu beachten.

a) aus einem wichtigen Grund ohne Einhaltung einer Kündigungsfrist

b) vom Auszubildenden mit einer Kündigungsfrist von 4 Wochen, wenn er die Berufsausbildung aufgeben oder sich für eine andere Berufstätigkeit ausbilden lassen will.

3. (Form der Kündigung)

   Die Kündigung muß schriftlich, im Falle der Nr. 2 unter Angabe der Kündigungsgründe erfolgen.

4. (Unwirksamkeit einer Kündigung)

   Eine Kündigung aus einem wichtigen Grund ist unwirksam, wenn die ihr zugrunde liegenden Tatsachen dem zur Kündigung Berechtigten länger als 2 Wochen bekannt sind. Ist ein Schlichtungsverfahren gem. § 9 eingeleitet, so wird bis zu dessen Beendigung der Lauf dieser Frist gehemmt.

5. (Schadenersatz bei vorzeitiger Beendigung)

   Wird das Berufsausbildungsverhältnis nach Ablauf der Probezeit vorzeitig gelöst, so kann der Ausbildende oder der Auszubildende Ersatz des Schadens verlangen, wenn der andere den Grund für die Auflösung zu vertreten hat. Das gilt nicht bei Kündigung wegen Aufgabe oder Wechsels der Berufsausbildung (Nr. 2b). Der Anspruch erlischt, wenn er nicht innerhalb von 3 Monaten nach Beendigung des Berufsausbildungsverhältnisses geltend gemacht wird.

6. (Aufgabe des Betriebes, Wegfall der Ausbildungseignung)

   Bei Kündigung des Berufsausbildungsverhältnisses wegen Betriebsaufgabe oder wegen Wegfalls der Ausbildungseignung verpflichtet sich der Ausbildende, sich mit Hilfe der Berufsberatung des zuständigen Arbeitsamtes rechtzeitig um eine weitere Ausbildung im bisherigen Ausbildungsberuf in einer anderen geeigneten Ausbildungsstätte zu bemühen.

§ 8 – Zeugnis

Der Ausbildende stellt dem Auszubildenden bei Beendigung des Berufsausbildungsverhältnisses ein Zeugnis aus. Hat der Ausbildende die Berufsausbildung nicht selbst durchgeführt, so soll auch der Ausbilder das Zeugnis unterschreiben. Es muß Angaben enthalten über Art, Dauer und Ziel der Berufsausbildung sowie über die erworbenen Fertigkeiten und Kenntnisse des Auszubildenden, auf Verlangen des Auszubildenden auch Angaben über Führung, Leistung und besondere fachliche Fähigkeiten.

§ 9 – Beilegung von Streitigkeiten

Bei Streitigkeiten aus dem bestehenden Berufsausbildungsverhältnis ist vor Inanspruchnahme des Arbeitsgerichts der nach § 111 Abs. 2 des Arbeitsgerichtsgesetzes errichtete Ausschuß anzurufen.

§ 10 – Erfüllungsort

Erfüllungsort für alle Ansprüche aus diesem Vertrag ist der Ort der Ausbildungsstätte.

§ 11 – Sonstige Vereinbarungen

_____

Rechtswirksame Nebenabreden, die das Berufsausbildungsverhältnis betreffen, können nur durch schriftliche Ergänzung im Rahmen des § 11 dieses Berufsausbildungsvertrages getroffen werden. Vorstehender Vertrag ist in _____ gleichlautenden Ausfertigungen (bei Mündeln ___fach) ausgestellt und von den Vertragsschließenden eigenhändig unterschrieben worden.

_____, den _____

Der Ausbildende: Der Auszubildende
(Stempel und Unterschrift)

_____ _____
(Voller Vor- und Zuname)

Die gesetzlichen Vertreter des Auszubildenden: (Falls ein Elternteil verstorben, bitte vermerken)

Vater: _____

und

Mutter: _____

oder

Vormund: _____
(Volle Vor- und Zunamen)

Dieser Vertrag ist in das Verzeichnis der Berufsausbildungsverhältnisse

eingetragen am _____

unter Nr. _____

Vorgemerkt zur Prüfung für _____

Siegel

Anlage gemäß § 3 Nr. 1 des Berufsausbildungsvertrages

Angaben zur sachlichen und zeitlichen Gliederung des Berufsausbildungsablaufs.

Anlage gemäß § 5 Nr. 2 des Berufsausbildungsvertrages

Der Ausbildende gewährt dem Auszubildenden angemessene Wohnung und ___ Verpflegung im Rahmen der Hausgemeinschaft. Diese Leistungen können in Höhe der nach § 160 Abs. 2 RVO[4]) festgesetzten Sachbezugswerte angerechnet werden, jedoch nicht über 75% der Bruttovergütung hinaus. Kann der Auszubildende während der Zeit, für welche die Vergütung fortzuzahlen ist, aus berechtigtem Grund Sachleistungen nicht abnehmen (z. B. bei Urlaub, Krankenhausaufenthalt etc.), so sind diese nach den Sachbezugswerten abzugelten.

---

[4]) § 160 Abs. 2 der Reichsversicherungsordnung ist durch Art. II § 1 Nr. 1 Buchstabe a des Sozialgesetzbuches – Gemeinsame Vorschriften für die Sozialversicherung – vom 23. Dezember 1976 (BGBl. I S. 3845) gestrichen worden. An seine Stelle ist § 17 des Vierten Buches Sozialgesetzbuch getreten, der die Bundesregierung ermächtigt, den Wert der Sachbezüge festzusetzen (vgl. Art. I § 17 Nr. 3 des o. g. Gesetzes vom 23. Dezember 1976).

Anerkannte Ausbildungsberufe

Bitte, beachten Sie den Hinweis auf Seite 4 (Impressumseite)

Achatschleifer
Agrarlaborantin
  (Hessen)
  (Niedersachsen)
  (w. Landwirtschaftlich-
  technischer Laborant;
  landwirtschaftlicher Laborant)
Amethystschleifer (Facettierer)
Angestellter in der Bundesanstalt
  für Arbeit
Angestellter in der Versorgungsver-
  waltung (Niedersachsen)
Apothekenhelferin
Appretur-Textilveredler
Aräometerjustierer
Arzthelferin
Assistent an Bibliotheken
Aufbereiter im Bergbau
Augenoptiker
Ausbaufacharbeiter
Automateneinrichter
Backofenbauer
Bäcker
Bandagist
Bandweber
Bankkaufmann
Bauschlosser
Baustoffprüfer
  (im 3. Ausbildungsjahr Fachrich-
  tungen: Boden, Mörtel und Be-
  ton, Bituminöse Massen)
Bautechniker in der Wasserwirt-
  schaftverwaltung
  (Baden-Württemberg)
Bauzeichner

Bekleidungsfertiger
Bekleidungsnäher
Bekleidungsschneider
Bergmechaniker
Bergvermessungstechniker
Berufsfahrer im Trabrennsport
Berufsjäger s. Jäger
Berufskraftfahrer
  Fachrichtung »Personenverkehr«
  Fachrichtung »Güterverkehr«
Berufsreiter und -fahrer
Betonstein- und Terrazzohersteller
  (Stufenausbildung Bau)
Beton- und Stahlbetonbauer
  (Stufenausbildung Bau)
Betonwerker
Betriebsschlosser
Binnenschiffer
Biologielaborant
Biologiemodellmacher
Blechschlosser
Böttcher
Bohrer
Bohrwerkdreher
Bonbonmacher
Bootsbauer
Borstpinselmacher
Brauer und Mälzer
Brenner (landw.)
Brillenoptikschleifer
Brunnenbauer
  (Stufenausbildung Bau)
Buchbinder
Buchdrucker
Büchereiangestellter/Büchereigehil-
  fe (Bremen, Hamburg)

Büchsenmacher
Büglerin im Färber- und Chemischreinigerhandwerk
Büroassistentin (w. Stenosekretärin)
Bürogehilfin
Bürokaufmann
Büromaschinenmechaniker
Bürsten- und Pinselmacher
Chemiebetriebsjungwerker
Chemiefacharbeiter
Chemielaborant
Chemielaborjungwerker
Chemigraf
Chirurgiemechaniker
Dachdecker
Damenschneider
Datenverarbeitungskaufmann
Destillatbrenner
Destillateur
Diamantreiber
Diamantschleifer
Diamantziehsteinmacher
Drahtwarenmacher
Drahtzieher
Drechsler
Drechsler (Elfenbeinschnitzer)
Dreher
Dreher (Eisen und Metall)
Drogist
Drucker
Druckerei-Textilveredler
Druckformhersteller
Druckvorlagenhersteller
Edelmetallprüfer
Edelsteingraveur
Edelsteinschleifer
Einzelhandelskaufmann
Elektroanlageninstallateur
Elektrogerätemechaniker
Elektroinstallateur
Elektromaschinenbauer
Elektromaschinenmonteur
Elektromaschinenwickler
Elektromechaniker
Emailschriftenmaler
Energieanlagenelektroniker
Energiegeräteelektroniker

Estrichleger
 (Stufenausbildung Bau)
Ewerführer
Fachgehilfe in steuer- und wirtschaftsberatenden Berufen
Fachkaufmann im Radiohandel
Färberei-Textilveredler
Färber und Chemischreiniger
Fahrzeugpolsterer
Fahrzeugstellmacher
Farbsteinschleifer, Achatschleifer, Schmucksteingraveur
Federmacher
Feinblechner
Feinemailler
Feingeräteelektroniker
 (Stufenausbildung)
Feinmechaniker
Feinoptiker
Feinpolierer
Feinsattler
Feintäschner
Fernmeldeelektroniker
 (Stufenausbildung)
Fernmeldehandwerker
 (Stufenausbildung)
Fernmeldeinstallateur
 (Stufenausbildung)
Fernmeldemechaniker
Fernmeldemonteur
Feuerfestwerker
Feuerungs- und Schornsteinbauer
Figurenkeramformer
Filmkopienfertiger
Fischer (Fischzüchter)
Fischer (Seen- und Flußwirt)
Fischer (See- und Küsten-)
Fischwerker
Fischwirt
Flachdrucker
Flachglasveredler
Flachgraveur
Fleischer
Flexograf
Fliesen-, Platten- und Mosaikleger
Florist
Flugtriebwerkmechaniker
Flugzeugmechaniker

Flurbereinigungstechniker
  (Bayern)
Former
Formstecher
Forstwirt
Fotograf
Fotogravurzeichner
Fotolaborant
Fräser
Friseur
Funkelektroniker
Gärtner
Galvaniseur
Galvaniseur und Metallschleifer
Galvanoplastiker
Gas- und Wasserinstallateur
Gebäudereiniger
Geflügelzüchter
Gehilfe in landwirtschaftlichen
  Buchstellen (Bayern)
  (Landwirtschaftskammer
  Westfalen-Lippe)
Gehilfe für Buchführung und
  Steuerberatung
Gehilfe in wirtschafts- und steuer-
  beratenden Berufen
Geigenbauer
Gerätezusammensetzer
Gerber
Geschirrkeramformer
Gewerbegehilfin im Bäckerhand-
  werk
Gewerbegehilfin im Färber- und
  Chemischreinigungshandwerk
Gewerbegehilfin im Fleischerhand-
  werk
Gewerbegehilfin im Konditorhand-
  werk
Gipsformengießer
Glasapparatebläser
Glasapparatejustierer (Wachs-
  schreiber)
Glaser
Glasinstrumentenmacher
Glasgraveur
Glasmaler
Glasschleifer und Glasätzer
Glas- und Porzellanmaler

Glaswerker
Gleisbauer
Glockengießer
Goldschmied
Gold-, Silber- und Aluminium-
  schläger
Graphischer Zeichner
Graveur
Gürtler
Gürtler und Metalldrücker
Gummistrumpfstricker
Gummi- und Kunststoffauskleider
Hafenschiffer
Handelsfachpacker
Handschuhmacher
Handzuginstrumentenmacher
Hauswirtschafterin
Hauswirtschafterin im ländlichen
  Bereich
Hauswirtschafterin im städtischen
  Bereich
Hauswirtschaftsgehilfin, geprüfte
Herrenschneider
Hobler
Hochbaufacharbeiter
Hochdruckrohrschlosser
Hörgeräteakustiker
Hohlglasfeinschleifer (Kugler)
Hohl- und Kelchglasmacher
Holzbildhauer
Holzblasinstrumentenmacher
Holzflugzeugbauer
Holzmechaniker
Hotel- und Gaststättengehilfin
Hüttenfacharbeiter
Hut- und Mützenmacher
Imker
Industriekaufmann
Informationselektroniker
Isolierer
Isoliermonteur
Jäger (Berufsjäger)
Jockey
Justizangestellter
  (Baden-Württemberg)
  (Berlin)
  (Hessen – nach den Regelungen
  für NRW)

(Niedersachsen)
(Nordrhein-Westfalen)
Juwelengoldschmied
Kabeljungwerker
Kachelofen- und Luftheizungsbauer
Kanalbauer (Stufenausbildung Bau)
Karosseriebauer
Kartenschläger
Kartograph
Kassenangestellter in der Landeskassenverwaltung
(Schleswig-Holstein)
(w. Verwaltungsangestellter in der staatlichen Innenverwaltung/ in der Kommunalverwaltung)
Kaufmann im Groß- und Außenhandel
Kaufmann im Zeitungs- u. Zeitschriftenverlag
Kaufmann im Eisenbahn- und Straßenverkehr (Fachrichtungen »Eisenbahnverkehr«, »Straßenverkehr«)
Kaufmann in der Grundstücks- und Wohnungswirtschaft
Kaufmannsgehilfe im Hotel- und Gaststättengewerbe
Kellner
Keramiker
Kerammaler
Kerammodelleur
Kessel- und Behälterbauer
Klavierbauer
Klavier- und Cembalobauer
Klebeabdichter
Kleinuhrenmacher
Klempner (Kühlerhersteller, Kühlerreparateur)
Knappe (Erzbergbau)
Knappe (Stein- und Pechkohlenbergbau)
Koch (Köchin)
Konditor
Konfektmacher
Korbmacher
Kraftfahrzeugelektriker
Kraftfahrzeugmechaniker
Kraftfahrzeugschlosser (Instandsetzung)
Krawattennäherin
Küper (Warenkontrolleur in Häfen)
Kürschner
Kulturbautechniker der Wasserwirtschaftsverwaltung
(Hessen)
Kunststoff-Formgeber
Kunststoffschlosser
Kupferschmied
Lackierer (Holz und Metall)
Lacklaborant
Landkartentechniker
(Baden-Württemberg)
(Hessen)
(Nordrhein-Westfalen)
(Schleswig-Holstein)
Landmaschinenmechaniker
Landwirt
Landwirtschaftlich-technischer Laborant; landwirtschaftlicher Laborant
(Landwirtschaftskammer Hannover)
(Landwirtschaftsk. Weser-Ems)
(Landwirtschaftskammer Westfalen-Lippe, Hessen)
(Landwirtschaftskammer Schleswig-Holst.)
Leistenvergolder
Leuchtröhrenglasbläser
Lichtdruckretuscheur
Litzenflechter
Luftverkehrskaufmann
Maler und Lackierer
Maschinenbauer (Mühlenbauer)
Maschinenglasmacher
Maschinenschlosser
Maschinenstickerin
Maschinenzusammensetzer
Mathematisch-technischer Assistent
(Industrie- und Handelskammern Braunschweig, Ludwigshafen, Solingen)
Matrose (Seeschiffahrt)

Maurer
Mechaniker
Mechaniker (Nähmaschinen-,
 Zweirad- und Kältemechaniker)
Melker
Messerschmied
Meß- und Regelmechaniker
Metallblasinstrumentenmacher
Metallblasinstrumenten- und
 Schlagzeugmacher
Metallflugzeugbauer
Metallformer und Metallgießer
Metallgewebemacher
Metallschleifer
Metzger (w. Fleischer)
Milchwirtschaftlicher Laborant
 (außer Schleswig-Holstein)
 (Schleswig-Holstein)
Modellbauer
Modellschlosser
Modelltischler
Modist(in)
Möbeltischler
Molkereifachmann
Müller
Mützenmacher
Musikalienhändler
Musterprogrammierer – Weberei
Musterzeichner für die Stickerei
Musterzeichner in der Stoffdruckerei
Musterzeichner und Patroneur
Nachrichtengerätemechaniker
Nachschneider
Natursteinschleifer
Notargehilfe
Notenstecher
Oberlederzuschneider
Obst- und Gemüsekonservierer
Offsetvervielfältiger
Orgelbauer
Orgel- und Harmoniumbauer
Orthopädiemechaniker
Orthopädieschuhmacher
Papiermacher
 (im 3. Ausbildungsjahr Fachrichtungen: Papier-Karton-Pappe,
 Zellstoff)

Parkettleger
Patentanwaltsgehilfe
Pelztierzüchter
Pelzwerker
Pferdewirt
Pflanzenschutzlaborant
 (Schleswig-Holstein)
Pflasterer (Steinsetzer)
Physiklaborant
Planungstechniker
 (Rheinland-Pfalz)
Plisseebrenner
Polsterer
Polster- und Dekorationsnäherin
Positivretuscheur
Prägewalzengraveur
Radio- und Fernsehtechniker
Rauchwarenzurichter
Raumausstatter
Rechtsanwaltsgehilfe
Rechtsbeistandsgehilfe
Reisebürokaufmann
Reiseverkehrskaufmann
Remonteur
Reproduktionsfotograf
Reprograf
Revolverdreher
Rohrinstallateur
Rohrleitungsbauer
Rohrnetzbauer
Rolladen- und Jalousiebauer
Sägewerker
Sattler
Schäfer
Schalenschmied (Kupferhammerschmied)
Schaufenstergestalter
Scherenmonteur
Schiffahrtskaufmann
 Fachrichtung Linienschiffahrt u.
 Trampschiffahrt
Schiffbauer
Schiffszimmerer
Schilder- und Lichtreklamehersteller
Schirmmacher
Schirmnäherin
Schlachter (w. Fleischer)

Schleifer
Schlosser (Blitzableiterbauer)
Schloß- und Schlüsselmacher
Schmelzschweißer
Schmied
Schmucksteinfasser
Schornsteinfeger
Schreiner (w. Tischler)
Schriftgießer
Schriftlithograph
Schriftsetzer
Schuhmacher
Schuh- und Lederwarenstepperin
Schweinezuchtgehilfe
Schwimmeistergehilfe
Seegüterkontrolleur
Segelmacher
Seiler
Siebdrucker
Silberschmied
Sozialversicherungsfachangestellter
Sparkassenkaufmann (Niedersachsen)
Speditionskaufmann
Stahlbauschlosser
Stahlformenbauer
Stahlgraveur
Stahlrollenstecher
Stahlstichpräger
Steindrucker
Steinmetz
Steinmetz und Steinbildhauer
Stempelmacher
Stenosekretärin/Büroassistentin (Hamburg) (Hessen – Richtlinien der Stadt Frankfurt/M., der Landeshauptstadt Wiesbaden) (Stadt Düsseldorf)
Stereotypeur
Sticker
Sticker in der Kleinmaschinenstickerei
Stoffprüfer (Chemie) (Glas-, Keramische Industrie sowie Steine und Erden)
Straßenbauer
Straßenbauer (Pflasterer)
Straßenbautechniker (Hessen)

Straßenwärter
Stricker
Stuhlbauer
Stukkateur
Süßmoster
Systemmacher (Gewehr)
Täschner
Tankwart
Tapetendrucker
Tapisseristin
Taschenmesserreider
Taucher (Aufbauberuf)
Technischer Zeichner
Technische Zeichnerin
Technobürstenmacher
Technokeramformer
Teilezurichter
Teilzeichnerin
Textillaborant (chemisch-technisch)
Textillaborant (mechanisch-technologisch)
Textilmaschinenführer – Maschenindustrie
Textilmaschinenführer – Spinnerei
Textilmaschinenführer – Veredlung
Textilmaschinenführer – Weberei
Textilmechaniker – Ketten- und Raschelwirkerei
Textilmechaniker – Spinnerei
Textilmechaniker – Strickerei und Wirkerei
Textilmechaniker – Strumpf- und Feinstrumpfrundstrickerei
Textilmechaniker – Weberei
Textilveredler – Appretur
Textilveredler – Beschichtung
Textilveredler – Druckerei
Textilveredler – Färberei
Textilveredler – Maschinenführung
Thermometerbläser
Thermometerjustierer (Thermometerschreiber)
Tiefbaufacharbeiter
Tierarzthelferin
Tierpfleger
Tierwirt
Tischler

Trockenbaumonteur
Tuchstopferin
Uhrmacher
Universalfräser
Universalhärter
Universalhobler
Universalschleifer
Vergolder
Verkäufer(in)
Verkäuferin im Nahrungsmittelhandwerk
Vermessungs- und Landkartentechniker (Niedersachsen), (Rheinland-Pfalz), (Saarland)
Vermessungstechniker
Vermessungstechniker (Deutsche Bundesbahn) (Wasser- und Schiffahrtsverwaltung) (alle Bundesländer einschl. Berlin-West außer Bayern)
Verpackungsmittelmechaniker
Versicherungskaufmann
Verwaltungsangestellter bei der Handelskammer, (Hamburg)
Verwaltungsangestellter der Handwerksorganisation
Verwaltungsangest. im Kirchlichen Dienst – Evangelisch-Luth. Kirche
Verwaltungsangestellter in der Kommunalverwaltung und in der staatlichen Innenverwaltung (Baden-Württemberg) (Bayern – Richtlinien der Stadt Nürnberg), (Berlin), (Hamburg), (Hessen), (Niedersachsen), (Nordrhein-Westfalen), (Rheinland-Pfalz), (Saarland), (Schleswig-Holstein), (Kreis Eutin)
Veterinär-medizinischer Laborant (Schleswig-Holstein)
Vorpolierer (Schmuck- und Kleingeräteherstellung)
Vulkaniseur
Wachszieher
Wärme-, Kälte- und Schallschutzisolierer
Wärme-, Kälte- und Schallschutzisolierer (Isoliermonteur)
Wärmestellengehilfe
Wäscher und Plätter
Wäscheschneider(in)
Wagner
Waldfacharbeiter (Baden-Württemberg) (Bayern), (Berlin), (Hessen), (Niedersachsen), (Nordrhein-Westfalen), (Rheinland-Pfalz), (Saarland), (Schleswig-Holstein)
Walzendreher
Wasserbauwerker (Bundeswasser- und Schiffahrtsverwaltung)
Wasserbauwerker in der Wasserwirtschaftsverwaltung (Schleswig-Holstein)
Weber
Weinhandelsküfer
Weinküfer
Werbekaufmann
Werkgehilfin (Schmuckwarenindustrie, Taschen- und Armbanduhren)
Werkstoffprüfer (Physik)
Werkzeugmacher
Winzer
Zahnarzthelferin
Zahnlagerist (Zahnlagerverwalter)
Zahntechniker
Zeichner in der Wasserwirtschaftsverwaltung (Rheinland-Pfalz) (Schleswig-Holstein)
Zeltmacher
Zentralheizungs- und Lüftungsbauer
Zimmerer
Zinngießer
Ziseleur
Zupfinstrumentenmacher

Wichtige Anschriften und Bezugsquellen

Informationen (z. B. Broschüren) über schulische Ausbildungs- und Weiterbildungsmöglichkeiten (z. B. Berufsfachschulen, Fachschulen, Fachhochschulen) können angefordert werden bei den Kultusministerien:

Ministerium für Kultus und Sport
Baden-Württemberg, Neues Schloß,
7000 Stuttgart

- Bayerisches Staatsministerium für
  Unterricht und Kultus, Salvatorstr. 2,
  8000 München 2

- Der Senator für Schulwesen,
  Bredtschneiderstr. 5–8
  1000 Berlin 19

- Der Senator für Bildung,
  Rembertiring 8–12
  2800 Bremen 1

- Freie Hansestadt Hamburg
  – Behörde für Schule, Jugend und Berufsbildung –
  Hamburger Str. 31, 2000 Hamburg 76

- Hessisches Kultusministerium,
  Luisenplatz 10, 6200 Wiesbaden

- Niedersächsisches Kultusministerium,
  Schiffgraben 12, Postfach,
  3000 Hannover

- Kultusministerium Nordrhein-Westfalen,
  Völklinger Str. 49, 4000 Düsseldorf

- Kultusministerium Rheinland-Pfalz,
  Mittlere Bleiche 61, 6500 Mainz 1

- Ministerium für Kultus, Bildung und Sport des Saarlandes,
  Saaruferstr. 30–32, Postfach 1010,
  6600 Saarbrücken 1

- Kultusministerium Schleswig-Holstein,
  Düstenbrooker Weg 64–68, Landeshaus,
  2300 Kiel

Auskünfte, insbesondere schriftliche Erläuterungen über das Zulassungsverfahren an Hochschulen sind zu finden in der

- Zeitschrift »Abi – Berufswahl-Magazin«, z. B. in Nrn. 5/79 und 3/80 – Bezugsquelle: jede Schule oder direkt bei der Bundesanstalt für Arbeit, Regensburger Str. 100, 8500 Nürnberg oder Trans Media Verlag, Mannheim, Erzbergerstr. 17, 6800 Mannheim 1

- Studien- und Berufswahl – Bezugsquelle: jede Schule oder beim Kultusministerium

Informationen über berufliche Weiterbildungsmöglichkeiten enthalten die Broschüren »Ihre berufliche Zukunft«, die bisher veröffentlicht wurden für Arbeitnehmer in den Bereichen: nichtärztliche Medizinalberufe, soziale Berufe, Textil/Bekleidung/Leder, Metall, Bau, kaufmännische/Büro- und Verwaltungsberufe, Elektro, für Behinderte, für Ungelernte und für Umschüler. Bezugsquelle: jedes Arbeitsamt oder die Bundesanstalt für Arbeit, Regensburger Str. 100, 8500 Nürnberg.

Fernunterricht: Auskünfte über Fernlehrinstitute, Rechte und Pflichten nach dem Fernunterrichtsschutzgesetz, Qualität der Fernlehrausbildung usw. erteilt die Staatliche Zentralstelle für Fernunterricht der Länder (ZFU), Krebsgasse 5, 5000 Köln.

Aufbau- und Zusatzstudiengänge für Hochschul- oder Fachhochschulabsolventen sind aufgelistet in »Uni« Heft 3/1979, Uni – Berufswahl-Magazin, Presse-Versand-Service, Postfach 700, 7107 Neckarsulm.

Literaturverzeichnis

1. Harris, Th. A.: Ich bin o.k. – Du bist o.k.
   rororo, Reinbek bei Hamburg

2. Kledzik Ulrich – J., Jenschke Bernhard (Hrsg.): Berufswahlunterricht als Teil der Arbeitslehre
   Hannover 1979

3. Prof. Dr. Seifert, Karl Heinz (Hrsg.):
   Handbuch der Berufspsychologie
   Göttingen 1977

4. Bundesanstalt für Arbeit:
   Handbuch zur Berufswahlvorbereitung
   Nürnberg 1979

5. Bund-Länder-Kommission für Bildungsplanung und Forschungsförderung und Bundesanstalt für Arbeit (Hrsg.):
   Studien- und Berufswahl
   Bad Honnef 1980

6. Bundesanstalt für Arbeit (Hrsg.):
   Beruf aktuell für Schulabgänger 1982
   Nürnberg 1980

7. Institut für Arbeitsmarkt- und Berufsforschung:
   Mitteilungen aus der Arbeitsmarkt- und Berufsforschung,
   Nürnberg

8. Bundesminister für Bildung und Wissenschaft,
   5300 Bonn, Berufsbildungsbericht 1980
   Bonn 1980

9. Bundesinstitut für Berufsbildung, Berlin
   Die anerkannten Ausbildungsberufe
   Berlin 1980

Register

Abitur 101, 102, 143
Abiturient 30, 99, 113, 142
Ärzte- und Apothekenkammer 133
Agrarwirtschaft 106
Akademikerbedarf 115
Akkordarbeit 50
Angestellter 54
Ansprüche 53
Arbeit 34, 48
Arbeiter 54
Arbeiterin 43
Arbeitsamt 20
Arbeitsbedingungen 55
Arbeitsberater 157
Arbeitsförderungsgesetz 73, 80, 126, 160
Arbeitskleidung 161
Arbeitsort 55
Arbeitsplatz 11, 37, 40, 55
Arbeitsstätte 50
Arbeitsteilung 47, 48
Arbeitszeit 55
Arbeitszufriedenheit 78
Assistent 63
Assistenzberufe 62
Aufstiegsberuf 154
Aufstiegsmöglichkeit 54, 56
Ausbilder 122, 174
Ausbildung 11, 15, 25, 50, 68, 98
Ausbildungsbedingungen 40
Ausbildungsbereich 61
Ausbildungsberuf 34, 47, 61, 74, 104, 139
Ausbildungsberufe 181
Ausbildungsförderung 127
Ausbildungsform 104
Ausbildungsordnung 121
Ausbildungsvergütung 121, 124
Ausbildungsverhältnis 122
Ausbildungsweg 97
Ausbildungszeit 124, 179
Auswahlverfahren 148
Auszubildende(r) 121, 122, 177

Bautechnik 105
Beamter 54
Bedürfnis 11, 38, 79, 90
Begabung 44
Behörde 54
Bekleidung 105
Belastung 56
Beratungsgespräch 31
Berichtsheft 123
Beruf 9, 11, 25, 35, 40, 47, 48, 50, 54, 96
Berufliche Ausbildung 98
Berufsakademie 168
Berufsaufbauschule 108, 167
Berufsausbildung 26, 74, 102, 120, 130
Berufsausbildungsvertrag 122, 183
Berufsausbildungsbeihilfe 126, 128
Berufsberatung 20, 30, 31, 80, 82, 109
Berufsbereich 59, 60, 97
Berufsbildungsgesetz 120, 121, 133, 173
Berufseignung 83
Berufsfachschule 106, 167
Berufsfelder 55
Berufsgrundbildungsjahr 105
Berufsgrundschuljahr 105
Berufskolleg 168
Berufskrankheit 56
Berufslaufbahn 84, 96
Berufsoberschule 168
Berufsorientierung 81
Berufsprognosen 86
Berufsreife 87
Berufsschule 47, 167
Berufsschulpflichtgesetz 121
Berufsunfall 56
Berufsvorbereitung 109
Berufswahl 2, 11, 12, 14, 15, 17, 22, 25, 34, 39, 40, 43, 46
Berufswahlreife 39, 40, 41, 88
Berufswahlverhalten 44
Berufswunsch 37
Beschäftigungsrisiko 56
Betrieb 54
Biologie 105
Braumeister 155
Büro 54
Bundesausbildungsförderungsgesetz 73, 126, 128
Bundessozialhilfegesetz 126
Bundesversorgungsgesetz 126

Chancen 73
Chemie 105

Darlehen 128
Drucktechnik 105

Eigenschaften 27, 115
Eignung 27, 28, 29, 31, 32, 40, 83
Eignungsprüfung 94
Eignungstest 84
Elektrotechnik 105
Entlohnung 50
Entscheidung 21
Entscheidungsfähigkeit 39
Entscheidungskriterien 21
Entwicklungsstufen 41
Erkennen 12
Ernährung 106
Erwartungen 75, 76
Erziehung 23, 25, 40

Fachakademie 168
Fachgebundene Hochschulreife 143
Fachhochschule 47, 170
Fachoberschule 167
Fachpsychologe 157
Fachschule 47, 167
Fachschulreife 143
Fähigkeiten 12, 23, 25, 27, 28, 29, 41, 87, 91, 115
Fahrkosten 161
Farbtechnik 106
Fernlehrgänge 156
Fertigkeit 12, 131
Förderung 126, 160
Förderungsdauer 129
Fortbildung 149, 153, 160
Frauen 43, 60
Frauenarbeit 43
Frauenberufe 45

Gehalt 52
Geräte 54
Gesundheit 106
Gewerbeaufsichtsamt 125
Grundausbildungslehrgänge 109

Häftlingshilfegesetz 126
Handel 62
Handwerk 62, 68
Handwerksbetrieb 54
Handwerkskammer 133
Handwerksmeister 155

191

Handwerksordnung 121, 133
Hauptschüler 30, 99, 104
Hauptschulabgänger 109
Hauptschulabschluß 100, 143
Hauptschule 101
Hauswirtschaft 106
Heimkehrergesetz 126
Helferberufe 62
Hochschule 47
Hochschulreife 143
Hochschulreife, fachgebundene 143
Holztechnik 105

Industrie 54, 61
Industrie- und Handelskammer 133
Industriemeister 155
Informationen 17, 19, 22
Intelligenz 18
Interesse 16, 20, 22, 23, 25, 27, 28, 89

Jugendarbeitsschutzgesetz 121

Kellermeister 155
Kenntnisse 12, 17, 131
Können 12
Körperpflege 106
Konkurrenz 108
Krankenversicherung 161
Küchenmeister 155
Kündigung 125, 180

Landwirtschaftskammer 133
Landwirtschaftsmeister 155
Laufbahn 85
Lehrgangsgebühr 161
Leistungsbereitschaft 90
Leistungstest 32
Lernmittel 161
Lohn 52

Mädchen 43
Männer 60

Material 54, 55
Metalltechnik 105
Mittlere Reife 110
Motivation 90
Mutterschutzgesetz 121

Neigung 89

Orientierungshilfe 65

Persönlichkeit 33
Physik 105
Problem 11, 18, 22, 150
Produktion 54
Prüfung 124, 144

Qualifikation 54, 91

Raumgestaltung 106
Realschüler 30, 99, 111, 142
Realschulabschluß 100, 143
Realschule 102
Recht 120, 158
Rechtsanwalts- und Notarkammer 133

Schlüsselqualifikation 92
Schulabgänger 135
Schulabschluß 51, 100, 135, 137, 143
Schulausbildung 26
Schule 25, 166
Schwerbehindertengesetz 121
Selbständiger 54
Selbständigkeit 51
Selbstbewußtsein 28
Selbsteinschätzung 28, 30
Selbstverwirklichung 80
Sicherheit 51
Soldatenversorgungsgesetz 126
Sonderausbildungsgänge 118
Status 54, 96
Stellen, zuständige 133
Step 30
Steuerberaterkammer 134

Steuerbevollmächtigtenkammer 134
Stiftung 127
Stipendium 127
Student 127
Studienfächer 47
Studium 100, 117, 118, 143
Stufenausbildung 144

Tätigkeit 40, 47, 50, 54, 56, 59, 96
Technik 50
Techniker 154
Test 31, 89, 147
Textiltechnik 105

Umschulung 149, 156, 160
Unfallversicherung 161
Universität 47
Unterhaltsgeld 161
Unterkunft 161
Unzufriedenheit 26, 53
Urlaub 179

Vergütung 123, 178
Verhaltensweisen 33
Verpflegungszuschuß 161
Verwaltung 54, 62, 105
Verwirklichung 82
Vorbildung 55
Vorstellung 11, 28, 89

Weiterbildung 149
Werkzeug 54, 55
Werten 12
Wertvorstellung 78
Wettbewerb 73
Wirtschaft 105
Wirtschaftsprüferkammer 134
Wissen 12, 17

Zeugnis 181
Zufriedenheit 37
Zugangsvoraussetzungen 51, 55, 63
Zukunft 70, 86
Zusammenfassung 66
Zuschuß 128
Zuständige Stellen 133
Zwischenprüfung 144